KB266664

단행본은 『 』, 단편소설, 논문 등은 「 」, 신문. 잡지는《 》. 미술, 음악, 연극 등의 작품명은〈 〉
로 표기했다.
본문 하단의 각주는 모두 저자의 설명이다.
외래어 표기는 국립국어원 외래어표기법을 따랐으나 관용적으로 굳어진 일부 용어는 예
외를 두었다.

일러두기

- 단행본은 『 』, 단편소설, 논문 등은 「 」, 신문. 잡지는《 》. 미술, 음악, 연극 등의 작품명은〈 〉
로 표기했다.
- 본문 하단의 각주는 모두 저자의 설명이다.
- 외래어 표기는 국립국어원 외래어표기법을 따랐으나 관용적으로 굳어진 일부 용어는 예
외를 두었다.

프로이트

×

김석

무의식의 창을 연 꿈의 혁명가

arte

평생 오스트리아 빈의 이방인처럼 지냈지만, 누구보다 빈에 애착이 많았던 그는 망명지에서 "떠나온 감옥"을 그리워했다. 그는 생리학자이자 의사로 신경증 환자를 치료하며 인간의 무의식을 발견하고 탐구하여 정신분석학을 창시했다. 오늘날 그의 정신분석은 인문, 예술, 비평, 심리학에 많은 영향을 미쳤으나 여전히 탐구할 것도 적대적 시선도 많다.

CONTENTS

프로이트는
어떤 사람인가

지그문트 프로이트Sigmund Freud, 1856~1939. 그의 이름이 생소한 사람은 많지 않을 것이다. 사상가 중 이름만이 아니라 핵심 개념인 무의식, 꿈, 리비도 등등 단어들까지 대중에게 쉽게 회자되는 경우는 드물다. 위인들이 그렇듯 프로이트가 어떤 사람이고, 현대 사상과 문화에 왜 그렇게 많은 영향을 미치고 논쟁을 불러일으켰는지는 대중에게 잘 알려지지 않았다. 나 역시 대학원 과정을 마칠 때까지만 해도 프로이트를 정신분석의 창시자 정도로만 알았고, 내가 평생 그의 연구자로 정신분석 이론과 인물들을 탐구할지는 몰랐다.

이 책을 쓰는 내내 내게 던진 질문이 있다. 프로이트, 그는 도대체 어떤 사람인가. 왜 오늘날에도 연구할 가치가 있는가. 나는 왜 여전히 프로이트에게 끌리는가. 보통 프로이트의 정신분석학은 지나치게 성욕과 유아기에 집착해 결정론적 입장에서 여러 정신병리 현상을 설명하기 때문에 요즈음 심리학이나 정신의학에는 거의 영향을 미치지 못한다며 철 지난 유물처럼 취급하는 경우가 많다. 후대가 계속해서 찾는 사상, 문학, 예술은 공통점이 있다. 무언가 고갈되지 않는 매력이 있거나 지나친 반감을 불러일으키거나 혹은 우리에게 울림과 영감을 준다. 사디즘으로 유명한 사드 후작Marquis de Sade, 1740-1814의 작품이 제대로 읽히지도 않은 채 수많은 논쟁과 혐오 그리고 지적 호기심의 대상이 되는 것처럼 말이다. 내가 철학자로서 프로이트에 대해 매력을 느끼고 그의 사상에 끌리는 것은 그가 위대한 영웅이라고 생각하거나 정신분석이 완벽한 이론이라서가 아니다. 오히려 정신분석을 창시한 프로이트에게는 고갈되지 않는 호기심과 천재성 그리고 지치지 않는 열정뿐 아니라 인간적 결점과 콤플렉스 그리고 병리적 모습도 그만큼 많기 때문이다.

프로이트의 비판자 미셸 옹프레Michel Onfray는 『우상의 추락, 프로이트, 비판적 평전』에서 프로이트가 지독한 신경증 환자이며, 그가 만든 정신분석 개념과 이론은 자신의 체험을 과장하고 왜곡하여 주관적 신념에 근거해 창조한 것이라 비판한다. 정신분석학은 환자로서 일종의 자기 고백이자 과장된 경험에 근거한 치유방안의 산물이라는 식으로 평가절하한다. 하지만 프로이트의 말대로 문명 속 인간은 신경증 환자이며, 증상은 우리 존재의 표현이기에 프로이트의 신경증 기질이 오히려 무의식의 탐구에 이바지했다고 할 수 있다. 내가 프로이트에 매료되는 것도 무엇보다 나 자신을 알고 싶은 마음과 삶의 동력이 되는 내 욕망이 크기 때문이다.

프로이트의 정신분석학은 그 혼자 완성한 작품도 아니다. 당대부터 이미 부단한 논쟁과 비판적 계승 속에서 융의 분석심리학, 아들러의 개인심리학, 클라인의 아동 정신분석학, 하이만 스팟닛치의 모던 정신분석 등의 도움으로 수정하거나 보완하였으며, 오늘날에도 다양한 갈래로 활용하며 개선하기에 한 개인이 이룬 망상의 산물처럼 치부할 수는 없다.

무엇보다 정신분석학은 기계론적 사고가 만연한 19세기 학문적 토대 위에서 만들어졌기 때문에 이론이나 개념을 그대로 적용하면 당연히 오늘날에는 맞지 않는다. 프로이트 이후 정신의학, 심리학, 뇌과학 등이 눈부시게 발전하면서 패러다임이 바뀌었을 뿐만 아니라 미셸 푸코의 『광기의 역사』에서 보듯 인간의 병리적 본성에 대한 철학적 논쟁도 인간성 이해에 새로운 영향을 미쳤기 때문이다. 정신분석의 본질을 제대로 활용하기 위해서는 우리는 무의식이 이성의 본질이라는 프로이트의 문제의식에 주목하면서 그의 사상을 현대적 맥락에서 재해석하고 확장해야 한다. 현재의 철학 연구자들이 플라톤, 아리스토텔레스, 칸트를 끊임없이 비판적으로 소환하는 것도 경전에 대한 고증이 아니라, 그 문제의식이 여전히 우리에게 호기심과 사유의 지평을 제시하기 때문이다.

이하에서 나는 몇 가지 키워드로 내가 탐색한 프로이트의 모습을 제시하려고 한다. 물론 그 키워드는 내가 사상 기행의 좌표로 설정한 것이다. 그리고 본문에서는 대략 전기적 삶과 연관해 그의 사상이 형성되면서 정신분석이라는 하나의 학문이 만들어지는 과정을 사상 기행식으로 그려보고자 한다. 이 책이 단순한 정신분석 입문서가 아니라 프로이트의 파란만장한 삶 속에서 한결같이 자신과 환자들을 치료하고 분석하며 연구한 '정신분석'이라는 학문을 만든 과정을 입체적으로 살필 수 있는 책이 되기를 바란다.

• 중독자

프로이트는 한마디로 중독자다. 사전적으로 중독이란 쾌락을 주는 자극이나 그 대상에 지나치게 집착하여 자율적 통제 기능을 잃어버리고, 기계처럼 반복해서 이것에 매달리는 현상이다. 그래서 보통 약물이나 도박 같은 것을 부정적으로 떠올리기 마련이다. 그런데 프로이트가 중독자라는 말은 이런 정신의학적 의미가 아니라 오히려 내적 욕망에서 비롯되는 집착이 마치 중독처럼 강하다는 의미의 역설적 표현이다. 사실 중독보다는 과몰입에 가깝지만, 신경증자 프로이트에게는 이런 중독에 가까운 엄청난 집착이 그의 집요한 탐구와 성취를 가능하게 했다. 그렇다면 어떤 중독 현상을 발견할 수 있을까?

약물중독이 첫 번째다. 프로이트 사진을 보면 파이프나 시가를 문 사진이 많은데 실제 그는 지독한 애연가였다. 런던 프로이트 박물관에는 그가 생전에 쓰던 재떨이가 전시되어 있다. 프로이트는 1923년 구강암 진단을 받은 후로 평생 33차례 수술을 받았으나 담배를 끊지 못했다. 프로이트가 83세에 죽었으니 장수한 편이지만 암 수술로 고통받고, 후유증으로 입에 특수 제작한 보철기를 끼우고, 귀도 잘 들리지 않았다고 하니 육체적으로는 참 고달픈 삶이었다. 담배가 구강암의 원인이거나 악화에 치명적 영향을 주었을 텐

데 아프면서도 담배를 손에서 놓지 못했다는 것은 분명 중독적 행동이다. 담배 못지않게 프로이트는 커피를 좋아했고, 고대 골동품 수집에도 집착하여 대략 3천 점을 보유했다고 한다. 어떤 대상이나 소유에 대한 집착은 전형적인 구순기 고착에 따른 행동이다. 유아적이라는 게 아니라 구순기 특징은 목표로 삼은 것을 포기하지 않는 집요함과 지배욕이 강하며, 동시에 타자에게서 오는 인정에도 지나치게 민감한 성격이라는 말이다.

평범한 사람이라면 소유욕 같은 병적 증상에 그쳤겠지만, 프로이트는 이런 구순기 욕망을 에너지 삼아 평생 정신분석 연구에 몸을 돌보지 않고 매달렸다고 해석할 수 있다. 그는 죽는 순간까지 글 쓰는 것과 분석을 멈추지 않았는데 전기 작가인 츠바이크에 따르면 매일 8~10건의 분석 작업을 계속했다. 이게 끝이 아니다. 그는 온종일 분석 활동을 하고 나면 밤에는 분석자료를 통해 이론화 작업에 착수했다(츠바이크, 68쪽). 낮의 임상은 밤의 연구 자료가 되었고, 세밀한 기록으로 남아 오늘날 우리가 보는 프로이트 전집이 되었다. 실제 상담을 진행해보면 디테일을 기억하기가 쉽지 않은데 유달리 기억력이 비상했을 뿐 아니라 집중과 몰입력이 현저히 뛰어났다는 것을 알 수 있다. 보통 사람이라면 암 수술 이후에는 상담이나 집필을 멈추고 쉰 후 천천히 재개했을 텐데 이런 것을 보면 보통 사람들은 따라가기 힘든 일 중독자이자 몰입광이라는 것을 알 수 있다. 정신분석은 중독에 가까운 집요한 욕망의 산물이자 성과로 프로이트 그 자신이라 할 수 있다.

• 신경증 환자

프로이트가 정신분석학을 만들 수 있었던 것은 자신이 오이디푸스 콤플렉스Oedipus Complex를 강하게 느꼈기 때문이며, 이로부터 파생되는 인간관계와 감정이 그의 일생에 깊은 그림자를 드리웠기 때문이다. 그는 전형적인 신경증자였지만 자신의 증상을 직접 분석의 대상으로 삼으면서 그로부터 정신분석이라는 새로운 학문을 탄생시킨다. 3-5세 경 라이프치히로 기차여행을 하면서 보았던 어머니의 나신은 어린 프로이트에게 강렬한 인상을 남긴다. 그는 플리스에게 보낸 편지에서 이렇게 말한다.

> "나중에(두세 살쯤) 라이프치히에서 빈으로 여행할 때, 어머니를 향한 나의 리비도가 깨어났다. 그때 나는 어머니matrem와 밤을 같이 보냈고 그녀의 나체nudam를 볼 기회가 있었다."
>
> 1897년 10월 3일

유아기에 어머니의 나신을 본 이후로 기차여행에 대해 늘 두려움과 흥분을 느꼈다고 하는데 이것은 과도한 신경증 증상이다. 프로이트에 따르면 오이디푸스 콤플렉스는 순전히 본인의 강렬한 체험과 기억에서 발견한 것이지만 그는 이것을 자신만이 아니라 모든 어린이가 공통으로 경험하는 중요한 과도기라 설명한다. 결국 자기를 분석하면서 유아기에 부모에게 느끼는 사랑과 미움의 양가감정이 거세 콤플렉스와 함께 작동하면서 인간의 초자아 형성은 물론 성격과 인격 형성에 결정적 영향을 미친다고 대담하게 이론을 확장한다. 양가감정과 애착은 그의 인간관계에도 지속적으로 영향을 미치는데 자식과 제자처럼 가까운 사람에 대한 태도에서 두드러진다. 막내 안나 프로이트가 대표적인데 그녀는 평생 아버지의 소망대로 미혼으로 남아 프로이트의 비서이자, 후계자로 그림자처럼 아버지를 지킨다. 이것은 정상적 부녀관계라기보다는 과도할 정도의 융합적 상태라고도 볼 수 있다.

프로이트가 딸로서 가장 애착을 보인 대상은 오히려 다섯째 딸 조피로 그녀와 손자가 죽었을 때처럼 프로이트가 비통해하며 눈물을 보인 적은 없다. '일요일의 아이'라는 별칭을 가졌던 조피는 스페인 독감으로 26세에 죽었는데 프로이트는 자식을 잃은 슬픔은 그 어느 것으로도 평생 해소가 불가능하다고 탄식하며 슬퍼했다. 안나는 딸보다는 프로이트의 동반자이자 호위무사 같은 역할을 했다. 그녀의 학문적 재능도 있었지만, 안나를 독점하고 놓아주지 않으려는 프로이트의 욕망이 작용한다. 예컨대 그녀에게 호감을 느낀 어니스트 존슨이 안나와 사귀지 못하게 개입하고 둘의 관계를 결사적으로 반대한 것을 보면 자기를 위해 존재하는 엄마 같은 이마고에 집착하는 오이디푸스 감정이라고도 해석할 수 있을 것이다. 안나는 독립된 인격체라기보다는 프로이트의 결여와 보살핌에 대한 욕구를 채워줄 수 있는 이성적 대상이었다고 볼 수도 있다. 소유와 지배 그리고 애정과 미움이라는 양가적 감정은 제자들에 대해서도 나타나는데 융에 대한 과도한 집착과 그 반대로 냉소와 조롱에 가까운 아들러에 대한 태도도 그런 것을 보여준다. 프로이트는 사랑하는 사람에 대해서는 병적으로 집착하면서 그에게 거슬리면 가차 없이 비난하고 쫓아내는데 이런 양가성은 전형적인 신경증 증상이다.

프로이트의 위대한 점은 자신의 증상을 분석하면서 끝없이 이론화하는 탁월한 지적 탐구욕에 있다. 프로이트가 정신분석에서 중요시한 것은 분석적 훈련과 교육도 있지만, 무엇보다 분석가는 자신을 대상으로 자기 분석을 계속해야 한다는 사실을 몸소 실천하면서 강조한 것이다. 1897년 여름 플리스에게 "나를 골몰하게 하는 주요 환자는 나 자신이라네"라고 말하기도 했는데 자기 분석의 성과 중 하나가 『꿈의 해석』이다. 이 책에는 그 자신에 관한 꿈이 47개나 나온다. 정신분석은 단순한 치료만이 목적이 아니라 자기 분석의 도구이고, 이것은 오늘날에도 분석가의 중요한 자질이다. 분석가의 중요한 자질이다.

• 이방인

프로이트를 특징 지울 수 있는 단어 하나가 '이방인'이다. 물론 그가 당시 유럽에서 대표적 멸시 대상인 유대인이기에 그럴 수도 있으나 이것이 주된 이유는 아니다. 프로이트는 유대인이라는 정체성에 대해 생물학적인 계보 외에는 문화적, 종교적 일체감에 늘 거리를 두었다. 그의 가족 환경은 물론 나중에 그를 따르는 제자들 대부분이 유대인이었다는 점에서 공동체적 정서와 전통으로부터 프로이트가 완전히 벗어날 수는 없었으나 그것이 주는 민족적 소속감에 대해서는 강한 거부감을 표현하였다.

"1873년도에 들어간 대학에서 나는 처음부터 몇 번씩이나 강한 환
멸을 느꼈다. 그곳에서 나는 이상한 요구를 받게 되었다. 즉 나는
유대인이기 때문에 대학에서 스스로 열등하다고, 다른 사람들의
민족성을 갖지 못한다고 느껴야 한다는 것이었다. 나는 사람들이
내게 강요하는 이 첫 번째 요구를 단호히 거부하였다. 내가 왜 나의
출신에 대해, 혹은 나의 인종에 대해 부끄러워해야 하는지 도저히
이해할 수 없었던 것이다."(마르트 로베르 2007 : p.60).

위의 서술에서 보듯 유대인이라는 규정에서 늘 벗어나려고 했던
사람이 프로이트다. 이방인이라는 말은 무의식과 성욕의 힘을 강조
하는 새로운 정신분석의 창시와 발전에서 스스로 괴짜나 몽상가로
몰리는 것을 마다하지 않고 평생 그 길을 갔다는 점에서 그렇다는
말이다. 프로이트는 1886년 2월, 5개월의 짧은 파리 유학 후 귀국해
의사회 학술대회 자리에서 남자에게도 히스테리가 가능하다는 것
을 보고해서 큰 소동을 일으킨다. 프로이트에 따르면 이 때문에 대
학에서 쫓겨났다고 한다(마르트 로베르, 113). 이후 거의 10년 동안 그
는 뇌 해부 실험실 출입이 금지되고, 강의실을 구하기도 힘들 정도
로 사실상 파문당했으나 오히려 1900년 5월 7일 그의 유일한 대화
상대 플리스에게 '찬란한 고립splendid isolation'을 선택하겠다고 말하면
서 당당하게 이방인의 길을 간다. 이때의 심정을 프로이트는 「나의
이력서」에서 다음과 같이 말한다.

"브로이어와 결별하고 난 뒤로 거의 10년 동안 내게는 제자가 단

한 명도 없었다. 나는 완전히 고립되었다. 빈 사람들은 나를 기피했고, 외국인들은 나를 알지 못했다. 1900년에 출판된 『꿈의 해석』은 몇몇 정신의학 잡지에서 약간 언급되었을 뿐이었다.”

(『정신분석학 개요』, p.250)

대학이라는 비교적 안전한 제도권에 머무는 내가 이런 상황에 처하면 프로이트처럼 찬란한 고립을 선택할 수 있을까? 프로이트가 만든 정신분석학만 본다면 그의 선택이 당연하다고 치부하기 쉽다. 그 이면에는 어마어마한 심적 고통과 외로움이 있었다. 그가 박수받아 마땅한 이유다. 오래전에 봤던 영화 〈1492 콜럼버스〉에서 콜럼버스가 한 “모든 선구자는 다 이방인이고, 이방인이기에 모든 것이 가능했다”라는 의미의 대사가 기억난다. 시대의 가치관과 집단 대다수가 믿는 세계관에 균열을 내고, 새로운 발견과 전진을 가능하게 한 것은 늘 이방인을 숙명으로 받아들이는 사람들이었다.

그런데 정신분석학에 대한 강한 거부감과 학문적 선입견은 프로이트만이 아니라 오늘날에도 여전히 작동한다. 프로이트는 그 이유를 정신분석이 인간이 외면한 무의식의 진실을 폭로하고, 그것을 통해 인간 본성을 전혀 다른 시각에서 바라보게 하면서 문화인의 자부심에 상처를 내었기 때문이라고 생각한다. 협소한 의미로 잘못 이해되는 프로이트의 성 이론은 정신분석을 폄훼하는 근거가 되기도 한다. 나는 이 책 5장에서 이 부분을 제2차 세계대전 당시 나치의 베를린 분서 사건에서 분석했다. 그러나 정신분석은 점차 시간이 지나면서 인간 이해의 새로운 패러다임으로 자리 잡는다.

• 휴머니스트

이 말이 다소 낯설 수 있다. 프로이트는 실제로 자상하고 너그럽거나 사회적 선행이나 기부를 한 것으로 알려진 사람이 아니기 때문이다. 휴머니스트의 사전적 의미는 "인간다운 따뜻한 인정이 있는 사람. 또는 인도주의적인 사고나 태도를 가진 사람"(네이버)으로 도덕적, 인성적 차원이 강조된다. 나는 정신분석의 실천 원리나 실제 임상 과정에서 의사나 분석가의 전문성이 아니라 피분석가인 환자를 중심에 두고 내면의 무의식에 귀를 기울인다는 면에서 인간중심주의라는 의미를 강조하고 싶다. 정신의학사에서는 18세기 당시 짐승처럼 대우받던 정신질환자들을 쇠사슬에서 풀어주고 정신 문제를 도덕적 갈등의 소산으로 인식하면서 인권 정신과 계몽주의에 입각 치료 방향을 제시한 도덕 치료의 선구자 필립 피넬Philippe pinel을 근대정신의학의 선구자로 추앙한다. 하지만 피넬 시대를 지나면서 도덕 치료는 쇠퇴하고, 1930년대까지도 환자들을 감금한 채 거의 고문에 가까운 치료(사실상 처벌과 억제)를 하는 관행은 여전했다. 피넬의 방법은 오랜 시간과 많은 비용이 들었을 뿐만 아니라, 무엇보다 효과가 명확하지 않았다. 계몽주의 가치에 호소하는 성격 역시 강했다.

정신의학과 비교해 정신분석의 가장 큰 차이는 임상의 본질을 내담자가 자신의 무의식을 마주할 수 있고, 그를 통해 새로운 주체로 정립하게 도와주는 것을 본질로 삼는 점이다. 카우치(소파)는 정신분석의 원리를 반영한다. 카우치는 환자 스스로 연상을 통해 자기도 모르는 진실을 탐구하고 분석의 끝에는 스스로 분석가가 되어야 한다는 정신을 보여준다. 피넬의 시혜적 도덕 치료보다 더 인간학적인 원리를 따르고 있는 것이다. 무의식은 치료와 관리의 대상이 아니라 환자 내면의 억압된 또 다른 역사이고 분석가는 어디까지나 조력자이기 때문이다. 이런 원리는 프로이트 진료실 구성에도 반영되는데 프로이트 진료실에는 고대 이집트의 바위 신전 '아부심벨Abu Simel'과 고대 로마의 유적 '로마 포럼Forum Romanum' 그림이 걸려 있었다.

진료실 내부

진료 대기실 내부

　사진에서 알 수 있듯 프로이트의 공간에는 그가 직접 수집한 고대 문화재와 부장품들이 가득했다. 그는 이집트 고대 문명과 그리스·로마 문명에 동경심이 충만했고 늘 매료되어 있었다. 카우치가 있는 진료실은 물론 대기실에도 책과 장신구가 있었다고 한다. 그러나 이는 문화적 취향이나 과시욕보다는 무의식의 은유다. 진료실 전체를 마치 고대의 유적지처럼 분위기를 만들어 환자가 마음의 준비를 하게 의도된 장치다.

프로이트는 무의식이 의식의 심연에 겹겹이 쌓여 있으면서 언제나 모습을 보이는 것과, 고대 로마의 문명이 수천 년 동안 세월을 간직한 채 현대적 도시 구석에서 모습을 보존하고 있는 것이 대단히 유사하다고 보았다.

정신분석은 인본주의 심리학, 도덕 치료나 정신의학보다 주체 스스로 주체화를 강조하며 이를 위해 자기 분석도 권유한다는 점에서 진정 내담자 중심의 이론이라 할 수 있다. 나중에 정신분석가 자크 라캉이 상호 주체성inter-subjectivity 개념에서 무의식을 이해하면서 정신분석은 해석학이 아니라 일종의 윤리라고 말한 것도 그 때문이다.

프로이트는 인간관계와 문명적 가치가 만들어 내는 긴장과 억압이 정신적 증상과 치료에 중요한 토대가 된 것을 발견했다. 이런 인간학적 전환은 19세기 빈의 실증주의 문화나 물리적 치료에 '매몰되었던' 당시 정신의학에 비추어 보면 대단히 혁명적이었다. 창의적 통찰뿐 아니라 그것을 학문적으로 정립하고 주장할 수 있는 용기와 담력, 무엇보다 인간관계에 대한 프로이트의 깊은 고민과 연민이 정신분석을 가능하게 했다고 말할 수 있다.

프로이트가 치료한 사례 중에 늑대인간이 있다. 어렸을 때 늑대가 나오는 꿈을 꾸고 성장해서도 원인 모를 강박증과 공포증, 신경성 불안에 시달렸기 때문에 이런 별명이 붙었다. '환자'는 원래 러시아 귀족 집안 출신이었지만 혁명으로 몰락해서 오스트리아로 왔으며, 프로이트 전에도 많은 의사를 찾아다녔지만 큰 효험을 보지 못했다. 결국 프로이트의 분석을 통해 유아기 성적 자극과 거세 공포로 인한 억제 그리고 급격한 사회환경의 변화 속에서 신경증이 극대화되었다는 것이 드러났다. 그는 오랫동안 프로이트의 보살핌을 받았다. 프로이트는 여전히 유아기 성적 외상과 현재의 여러 어려움으로 고통받는 그에게 꽤 많은 관심을 가지고 무료 분석도 해주는 등 환자 이상으로 관심을 보였다고 전해진다. 여러 일화의 사실성 논쟁이 있지만 그의 창의성과 불굴의 용기는 인간 본성에 대한 깊은 공감이 있었기에 가능하다고 할 수 있다.

• 돈키호테

프로이트의 정신분석은 당시 빈의 보수적이고 위선적 도덕성이 팽배한 사회 분위기, 정신의학계의 완고한 교조주의와 실증주의 싸움 속에서 만들어졌으며, 많은 비난과 배척에도 불구하고 끝까지 지적 모험의 의지를 꺾지 않은 저돌성 때문에 가능했다. 내가 프로이트를 좋아하는 이유는 정신분석의 연구 성과에 만족하지 않고 그것을 늘 비판적으로 수정하였으며, 자기 생각에 문제가 있으면 과감하게 입장을 바꾸는 용기가 있다는 점이다. 프로이트는 빈대학에서 신경계 전문 의사로 훈련받았고, 6년 동안이나 브뤼케의 생리학 실험실에서 뱀장어를 해부하면서 신경의학을 연구했다. 그러다가 파리에서 샤르코라는 유명한 신경의학자가 최면을 활용해 히스테리를 치료한다는 얘기를 듣고 유학을 떠난다. 6개월도 채 안 되는 짧은 기간이었지만 샤르코의 최면 시연과 암시를 통한 증상의 발현과 치료는 그에게 큰 감동과 충격을 주었으며 빈에 돌아와서는 생리학이 아닌 심리학 연구로 돌아선다.

기존의 교육이나 학문적 흐름에 머물지 않고, 늘 새로움을 시도하는 프로이트는 풍차를 향해 돌진하는 돈키호테 같다. 그러나 이러한 성격이 창조를 가능하게 했다. 빌헬름 옌젠Wilhelm Jensen의 『그라디바』나 도스토옙스키의 작품에 대한 그의 정신분석을 통해 드러나는 프로이트의 면모는 다음과 같다. 그는 의사로서 과학성이라는 이상에 충실했다. 동시에 인문학적 감수성과 상상력, 인간의 환상, 욕망, 도덕성에 대한 깊은 통찰력을 심리 분석에 적용하는 과감함이 있었다. 그의 창의적 혁명성은 때로 다른 동료들과 이론적 불화나 결별을 가져오고 어찌 보면 고집스러운 성격의 소유자로 보이지만 우리는 여기서 오히려 사상 혁명에 대한 그의 광적인 집념을 읽어야 할 것이다. 프로이트의 괴팍함이나 독단적 성격에 대한 소문과 관련해 츠바이크는 다음과 같이 설명하기도 한다.

"프로이트의 이런 '앞뒤 가리지 않는 태도Unbedingtheit'는 그의 천성과 분리될 수 없다. 그것은 그의 의지에 따른 태도에서 온 것이 아니라, 그의 독특한 시각에서 온 것이다. 프로이트는 자기가 독창적으로 바라본 어떤 것을 자기 이전에는 아무도 본 적이 없는 것처럼 여긴다." (스테판 츠바이크 『정신을 통한 치유』, p.76-77).

프로이트의 정신분석은 완전히 무에서 나오거나 찰나의 영감에서 우연히 나온 것이 아니다. 현재의 진단과 치료법에 회의를 품고, 문제를 물고 늘어지면서 과감하게 개념과 이론화를 시도하는 그의 지적 혁명성에서 나온다. 예를 들어 유명한 사례인 '안나 O'를 최면으로 치료하면서 해소되지 않은 감정이 히스테리를 일으키는 원인이 될 수 있고, 이 감정을 발산하면 증상이 완화된다는 것을 발견한 이는 요제프 브로이어였다. 하지만 브로이어는 자신의 발견을 극한으로 밀고 가 인간의 심리와 정신장애의 관계를 새롭게 이해하려 하지 않았다. 그 대신 의학적 방식으로 되돌아가는 안전한 방식을 택하며, 그에게 매달리는 안나 O에게서 도망친다. 반면 브로이어의 사례에 늘 호기심을 가졌던 프로이트는 억압이 심리적 증상에서 큰 역할을 하고 이것이 무의식의 형태로 작용한다는 것을 끝까지 파헤치면서 정신분석 창시의 길로 들어선다. 물론 히스테리는 그 뒤 많은 시행착오와 연구를 거듭하면서 정신분석 임상의 기본 구조가 된다.

무의식도 프로이트가 최초 선구자는 아니며 이미 당대에 회자되던 개념이었다. 프로이트 이전에 인간 존재의 은밀하고 어두운 내적 부분과 심층 정서에 경이감을 가지고 끌리면서 꿈, 신비, 비합리성에 주목한 낭만주의자들이 있었다. 독일의 의사, 화가, 생리학자, 심리학자였던 카를 카루스Carl Carus, 1789-1869는 『영혼의 상징학Psyche: Zur Entwicklungsgeschichte der Seele』이라는 저서를 통해 인간의 마음에 대해 "의식의 본질은 무의식 속에서 찾을 수 있다"라고 선구적으로 주장하기도 했다.

인간의 정신이 의식과 이성적인 부분이 아니라 그것을 벗어나는 감정적, 육체적인 충동의 지배를 받고, 우리가 알지 못하는 무의식이 우리를 지배한다는 생각은 이미 쇼펜하우어, 니체 같은 철학자들도 공유한 생각이다. 그러나 프로이트는 꿈을 통해 마음의 비밀을 완전히 새로운 시각으로 탐구했다. 무의식은 신비한 영적 상태나 또 다른 마음이 아니라 얼마든지 우리가 의미를 드러낼 수 있고, 사회적 관계 속에서 억압 때문에 만들어진다는 것을 적극적으로 주장하면서 지성사의 혁명을 가져올 수 있었다. 지적 혁명이나 발견은 이미 늘 씨앗의 형태로 존재하지만, 그것을 가꾸고 배양해 열매로 수확하는 것은 늘 새로움에 목말라하는 사람들이다. 프로이트의 매력은 이런 몽상가적 기질에 있다.

• 프로이트에 대한 연민

프로이트는 범접할 수 없는 천재라기보다는 현재의 안락함이나 익숙함을 버리고 낯선 곳으로 떠나는 지치지 않는 탐험가에 가깝다. 하루도 빠짐없이 환자 진료와 분석 그리고 저녁에 이를 정리하고 연구하면서 저술해 온 삶은 규칙적인 산책, 가족과 여름휴가와 더불어 평생 계속되는 루틴이었다. 그러나 무쇠 같았던 그의 체력과 탐구심도 1920년대부터 그를 괴롭히던 암에 의해 서서히 잠식되었다. 멈추지 않고 전진하던 정신분석의 기관사가 떠날 때가 된 것이다. 프로이트는 그의 충직한 주치의 슈어에게 다량의 모르핀을 투여 받아 생을 마감했다. 안락사는 그의 생전 소원에 따른 것이었다. 서른 번이 넘는 구강암 수술로 이미 그의 육체는 피폐해질 대로 피폐해졌으며, 이에 따라 고통도 점점 심해졌기 때문이다. 1939년 9월 23일 런던으로 망명을 떠나며 말한 것처럼 자유로운 그의 의지에 따라 평온하게 죽음을 맞았다. 슈어는 1928년부터 프로이트의 개인 주치의로 '그가' 죽을 때까지 동행한다. 프로이트는 그를 무척 신뢰했고, 결국 자신의 죽음까지 의뢰할 정도로 의지했다고 할 수 있다. 그리고 영원한 여행을 떠나는 프로이트의 곁에는 제자이자 보호자였으며, 정신분석학이라는 왕국의 새로운 후계자가 된 안나 프로이트가 있었다. 프로이트는 죽어서 빈이 아니라 영국 런던 골더스 그린에 있는 묘지에 묻혔다.

런던 프로이트 박물관에 갔을 때 뒤뜰에 앉아 프로이트의 최후 1년을 상상해보았다.

프로이트는 자신을 따르는 여러 제자와 사람들을 보며 만족하고, 스핑크스를 물리친 오이디푸스 같은 승리감을 느꼈을까? 아니면 자신을 먼저 떠난 일요일의 아이 조피와 그의 손자 그리고 아우슈비츠 수용소에서 나치에 의해 비참하게 죽어간 네 명의 여동생에게 그리움과 미안함 그리고 그들과 만날 생각을 하면서 황혼을 바라보았을까? 내가 상상한 프로이트는 정상에 우뚝 선 초인 혹은 영웅이 아니다. 오히려 정신분석학이 누군가에 의해 계승되며 문명사의 한 줄기로 뻗어 나가는 것을 보며 안도하는 지친 노인이자 동시에 영원한 청년에 가깝다.

프로이트에게 느끼는 매력은 숭배라기보다는 안타까움 섞인 연민과 동시에 약간의 질투가 섞인 부러움의 감정이었다. 아무도 풀지 못한 스핑크스의 수수께끼를 풀고, 테베의 왕이 되었지만 결국 자기 스스로 눈을 찌르고 유랑의 길을 떠나야 했던 오이디푸스. 그러나 운명에 굴복하면서, 자신에게 예정된 형벌을 가한 신에게 자살로 생을 마감하지 않고 끝까지 살아 주인이 되고자 했던 비극의 주인공. 무의식의 비밀이 풀리면 행복이 아니라 우리가 감당하기

힘든 또 다른 비극이 열린다 해도 끝까지 그 길을 간 그 열정과 고통
이 역설적으로 인간 프로이트 매력의 진정한 원천 아닐까?

SIGMUND FREUD

정신분석의 탄생

Wien

정신분석의 요람 오스트리아 빈

　오늘날 정신의학psychiatry, 심리학psychology과 더불어 심리 탐구 그리고 정신질환 치료와 상담의 한 축을 담당하면서 인문학, 정신의학, 예술비평에도 많은 영향을 끼치는 정신분석학은 19세기 오스트리아 빈에서 탄생한다. 15~16세기는 르네상스 시대, 17세기는 과학 혁명이 천지를 개벽시킨 천재들의 시대로 부른다면, 19세기는 정신의학의 시대라 부를 수 있다. 정신질환을 증상과 관련된 범주별로 분류해 정신의학 진단의 현대적 기초를 만든 에밀 크레펠린Emil Kraepelin, 1856~1926, 정신 분열증(조현병)과 자폐증autism 개념을 만들어 정신의학 발전에 크게 이바지한 오이겐 브로일러Eugen Bleuler, 1867~1939, 정신분석학의 창시자 지그문트 프로이트Sigmund Freud, 1856~1939가 비슷한 시기에 태어나고, 활동했기 때문이다. 이들은 그때까지 미신과 민간요법, 비과학적 사고가 만연했던 정신 치료의 폐단을 과감하게 개혁한 선구자로서 근대 정신의학의 기틀을 마련하였다. 독일에 크레펠린이, 스위스 취리히에 브로일러가, 오스트리아에는 프로이트가 있었다. 이들은 오늘날 우리에게 익숙한 불안, 망상, 자폐, 우울증들의 고유한 현상과 메커니즘을 본격적으로 연구하면서 정신장애에 대한 과학적이고 인간학적인 시각을 연다. 정신장애와 같은 질환이 초자연적 현상이거나 신의 저주 그 결과가 아니라 생리적, 심리적 원인을 가지며, 치료가 충분히 가능하고 이런 증상이 이른바 정상인에게도 나타날 수 있다는 새로운 이론을 제시하면서 인식의 지평을 넓혔다.

인간의 정신적 문제는 삶의 과정에서 누구에게나 발생할 수 있고, 육체적 질병과 마찬가지로 치료할 수 있다는 생각은 근대 이성주의의 산물이다. 현대인에게 익숙한 정신장애 관련 병리 개념과 진단 방법은 원래부터 존재했던 것이 아니다. 오히려 병리 현상을 특별히 명명하고 치료의 대상으로 규정하는 순간부터 그것이 '정신장애'로 인식되기 시작했다고 보는 게 더 정확하다. 예컨대 19세기 이전에는 불안 및 우울, 그리고 착란과 관련된 질병을 통칭해 '멜랑콜리melancholia'로 불렀다. 정신의학의 시대인 19세기 당시에 프로이트의 지위는 매우 특별하다. 생리학자이자 정신병리 의사로 시작해 신경증의 일종인 히스테리를 치료하면서 정신분석학을 만들었고 브로일러 등과 교류하면서 정신의학의 발전에도 큰 영향을 끼쳤기 때문이다.

프로이트 이전에는 정신분석이나 꿈의 과학이 아예 존재하지 않았다는 점에서 프로이트의 기여는 예사롭지 않다. 학문의 창시자나 그 기원을 정확히 알 수 있는 사례는 드물다. 정신분석은 예외적으로 1896년 오스트리아 빈에서 프로이트가 최초로 이 용어를 사용하면서 시작된다. 또한, 당시 프로이트가 거리낌 없이 지적 교류를 할 만큼 가장 친밀한 친구였던 폴리스와 자기의 아내, 제자들과 주고받은 편지, 관련 기록, 「나의 이력서」 같은 프로이트 저작을 통해 우리는 정신분석학이라는 신생 학문이 어떻게 탄생했는지 그 세밀한 과정을 살필 수 있다. 애초 신경생리학 이론의 하나처럼 시작된 정신분석학은 점점 이론이 확립되고, 지평이 넓어지면서 심리학, 정신의학과 더불어 인간 심리와 정신을 무의식에 근거해 이해하고 치유하는 독자 학문으로 발전한다.

정신분석학이 특별히 오스트리아 빈에서 태동한 두 가지 계기가 있다. 그 첫 계기는 당시 유럽 상류 사회, 특히 빈 여성들에게 많았던 히스테리hysteria 증상이다. 히스테리야말로 정신분석을 가능하게 한 시대적 질병이었다.

다음 계기는 프로이트가 자신의 사상을 지지하는 동료와 제자들과 함께 1902년부터 오스트리아 빈에서 매주 수요일 저녁마다 모여 정신분석학을 연구한 모임 '수요심리학회'이다. 이 수요심리학회에서 프로이트와 동료들의 논의와 연구는 '정신분석'이라는 학문을 수립하고 확장하는 데 이바지했다.

신경증neurosis, 특히 히스테리는 19세기 신경생리학과 정신의학의 주요 관심이자 연구 대상이었다. 프랑스 파리의 신경 병리학자 샤르코는 신경증의 탁월한 선구자였다. 샤르코는 당시 최면술을 활용한 히스테리 시연과 치료로 국제적으로 명성을 떨치는 신경 병리학자였다. 왜 파리가 아니고, 하필 빈이 정신분석의 요람이 되었

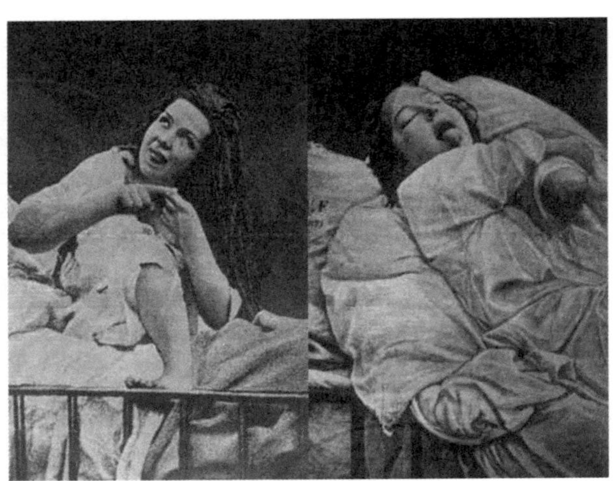

히스테리 환자 모습

히스테리hysteria

히스테리아는 그리스어 자궁hystera이라는 말에서 연유했으며 신경증의 한 종류이다. 히포크라테스 학파에서는 자궁이 몸 안을 떠돌아다니며 여러 신체적, 정신적 증상을 유발한다고 믿었기 때문에 이를 여성의 병으로 인식했다. 신경증의 다른 종류는 강박증obsession이 있는데 강박증은 불안을 회피하기 위해 강박적 행동에 매달리거나, 특정한 생각(예컨대 과도한 위생 관념)에 강력하게 매여 있는 상태이다. 히스테리가 여자들에게 주로 발견된다면, 강박증은 남자들에게 많이 나타난다고 여겼으나, 이런 성별에 따른 진단 구분을 없앤 이가 프로이트다.

을까? 물론 프로이트가 있었기 때문이기도 하지만 빈의 사회상이 크게 영향을 미쳤다. 빈의 세기말적 정서와 이중적, 위계적인 정치적·도덕적 시대상은 억압에서 심리적 문제를 찾는 정신분석학의 토대가 되었다. 정신분석은 영국도 프랑스도 아닌 19세기 이중적 도덕성이 지배하는 부르주아 도시이자 위계적 사회상이 뚜렷한 오스트리아 빈에서 시작된 시대적 학문이라 할 수 있다. 일반적으로 정신질환은 특히 시대나 특정 역사적 상황과 연관이 많다. 예컨대 전쟁 시기에는 외상성 스트레스 장애PTSD, 착란이나 인지 장애를 동반한 정신병이 많이 발생하며, 도덕적 억압이 심하거나 권위적인 사회에서는 신경증이 만연한다. 둘의 차이는 정신병이 사회생활 자체가 힘든 중증이라면, 신경증은 갈등을 내면화하면서 정상적인 사회생활도 어느 정도 가능한 사람들에게 발견된다는 것이다. 오늘날에는 불안 장애도 신경증의 일종이다.

벨 에포크Belle Époque 시대

왜 빈은 신경증의 도시가 되었을까? 19세기 오스트리아 수도 빈은 '벨 에포크belle Époque', 즉 아름다운 시절이라 불릴 만큼 유럽문화의 황금기를 구가했다. 특히 새로운 근대 부르주아 문화를 선도하며 유럽의 중심지 역할을 톡톡히 해냈다.

오늘날에도 빈 하면 모차르트나 클림트를 자연스럽게 떠올리듯 우리가 익히 이름을 들어본 수많은 뛰어난 예술가와 문인들은 빈에서 자유주의적인 유럽 정신을 탐색하면서 예술운동의 꽃을 피웠다. 미술가 구스타프 클림트, 문학가 아르투어 슈니츨러, 건축가 오토 바그너, 음악가 구스타프 말러, 디자이너 콜로만 모저, 철학가 루트비히 비트겐슈타인 등 각 분야의 거장들이 한꺼번에 빈에 등장하면서 빈은 단시간에 최신문화와 유행의 세계적 아이콘이 된다. 칼 쇼르스케가 『세기말 비엔나』에서 분석한 것처럼 누가 뭐래도 20세기 현대문화의 원형은 바로 빈에서 시작되었으며 프로이트가 막 활동을 시작한 당시는 절정이었다.

당시 유럽의 가장 앞선 학문적, 예술적 전위운동의 중심지가 빈이었고, 수많은 예술 분야 스타들이 등장하여 유럽의 전성기를 구가한다. 19세기 후반부터 카페문화가 발달했는데, 특히 빈 시내의 '카페 센트럴Café Central'이 유명했다. 프로이트, 트로츠키, 스테판 츠바이크 같은 당대의 지식인들이 이곳에서 어울리기도 했다. 그러나 정치적으로는 프랑스, 프로이센과 전쟁에서 잇달아 패배하면서 600여 년을 지배해온 합스부르크 가문의 제국이 몰락하려는 징후가 뚜렷하고, 위기감 때문에 구체제로 돌아가려는 보수주의가 득세하면서 자유주의적 움직임에 대한 탄압과 반동의 움직임도 컸다.

빈은 가중되는 정치적 몰락에 편승한 세기말적 증후와 관념적인 자유주의 사상, 그리고 새로운 모더니즘 사상과 그것을 거부하는 사회적 억압과 모순이 중첩된 복잡한 사회였다. 당시 유럽에서 유대인들이 가장 선호하여 많이 거주한 곳이 빈이기도 했다. 1890년 빈 대학의 33%가 유대인이었고, 의대 교수진 절반도 유대인이었다

구스타프 클림프 〈아기〉 1917~1918

벨 에포크 Belle Époque

유럽 각국이 통일을 달성하고 민족주의가 되며 경제도 급속히 발전하면서 서로 균형을 이루어 평화를 모색하던 유럽의 황금기를 말한다. 보통 19세기 중반부터 1914년 제1차 세계대전 발발까지를 이 시기로 부르며, 오스트리아만이 아닌 프랑스, 영국, 독일의 벨 에포크도 있었다. 유럽의 전성기라 할 수 있겠지만 제국주의가 팽창하고 균형이 깨지면서 새로운 국제 분쟁의 그림자가 어둡게 드리우는 시기이기도 했다.

고 한다(쇼르스케. p.250). 유럽에서 역사적으로 탄압받은 대표적 소수 민족 유대인들이 빈으로 모일 정도면 상당히 자유주의적 흐름과 관용 정신이 강했다고 볼 수 있다. 나중에 프로이트 초기 제자들이 전원 유대인인 것도 우연은 아니다. 그리고 그들 대부분은 또 의사였다. 당시 빈의 부유한 유대인이나 지식층은 법조계나 의학 분야에 주로 진출했기 때문이다.

이중적 도시 빈

빈의 자유로움은 당시 자본주의 문화와 번영의 원동력이 된다. 그러나 사상적으로 보면 빈의 부르주아들은 정치적 저항과 자유주의를 지키려고 하면서도 시민 혁명이나 사회개혁 운동으로 나아가는 대신 심미적 예술세계에 더욱 탐닉하면서 현실을 외면한다. 다른 한편에서는 반동적, 반유대인적, 반사회주의적인 수구적 민족주의 성향과 도덕적 위선이 격심해지는 이중 사회였다. 슈테판 츠바이크Stefan Zweig 1881-1942가 19세기 사회는 위선이 지배하고 도덕적인 척만 했다고 했는데(『프로이트를 위하여』, p.49) 이 분위기에 딱 맞는 전형적 장소가 빈이다. 가장 이성적으로 보이고, 이상적인 심미주의의 가면으로 온통 치장한 문명의 중심지였지만 동시에 내면의 위선과 도덕적 억압, 그리고 허무주의적 퇴폐와 폭력성이 팽배했던 도시가 빈이다.

당시 오스트리아-헝가리 제국 황제였던 프란츠 요제프 1세Franz

Joseph I ~ 1840-1916는 자유주의를 표방하면서 제국의 경제와 문화를 발전시켰다. 하지만 동시에 절대왕정과 보수적 윤리를 신봉하였으며 노동자, 농민 등 기층민중을 철저히 억압하는 권위주의적 통치 방식을 고수했다. 그의 시대에는 검열과 성에 관한 통제도 철저했다. 예컨대 외설적인 공연이나 책을 엄격하게 금지했으며, 동성애를 범죄로 낙인찍으면서 처벌하기도 했다.

프란츠요제프 1세

이런 보수적 사회 분위기 속에서 바람둥이 황태자 루돌프가 아내를 외면하고 귀족 연인과 자살하는 이른바 '마이어링Mayerling, 1889' 사건이 발생했다. 왕실은 체면을 위해 철저히 이를 은폐하였으며 국면전환을 위해 대외적으로 러시아와 대립하며 긴장을 조성하기도 했다. 제1차 세계대전은 후계자로 지정된 조카 프란츠 페르디난트Franz Ferdinand 부부가 사라예보에서 암살당하면서 발발한다. 막장 드라마 같은 루돌프와 요제프 1세의 갈등은 당시 빈 궁정은 물론 상류층의 위선과 허울뿐인 가족주의의 극단을 보여주는 전형적 예다.

제1차 세계대전의 도화선이 된 사라예보 암살 사건을 그린 그림

개혁과 자유주의적 근대화를 표방하면서 모든 모순을 아무 일 없는 듯 찍어누르는 빈의 이중적이고 도덕적으로 숨 막히는 분위기는 정신분석이 치료의 대상으로 삼은 히스테리Hysteria가 출현하기에 딱 좋은 환경이다. 히스테리는 억압적이고, 위선적인 시대적 분위기가 만드는 전형적인 질환으로 극도의 예민함과 순수함이 특징이기 때문이다. 환자 중 상류 계층 여자가 많은 것은 사회적 모순이 구조적으로 이들에게 전가되기 때문이다.

프로이트는 진료를 하며 평생 이곳에서 살았지만, 빈을 좋아하지 않았다. 이는 빈의 염세적이고 이중적인 분위기와 연관이 있을 것이다. 프로이트는 여러 편지에서 빈이 자신을 억압하는 도시라고 하면서, "혐오"나 "증오" 들의 표현으로 이 도시에 대해 불편하고 소외된 심기를 감추지 않는다. 하지만 실제 빈을 떠난 후에는 역설적으로 떠나온 고향(감옥)을 몹시 그리워하는 전형적인 양가감정이 프로이트의 태도를 평생 지배했다.

빈은 자유롭고 예술을 사랑하는 우아함과 부르주아적 세련미를 자랑하는 19세기 문화제국의 수도였지만 동시에 퇴행적이면서 매우 가부장적인 도시였다. 빈 특유의 모순적 분위기가 어떻게 보면 히스테리와 프로이트의 만남을 숙명처럼 만들었다고 할 수 있다. 물론 그것은 히스테리 치료에서 무의식의 발견으로 넘어간 프로이트의 번뜩이는 영감과 호기심에 기반한 지칠 줄 모르는 연구 덕분이었지만 말이다.

'콜럼버스의 달걀'이라는 말이 암시하듯 위대한 발견일수록 발견 대상이 새롭기보다는 그것을 전혀 다른 시각이나 관점에서 바라보았기 때문에 가능한 게 많다. 히스테리도 마찬가지다. 당시 빈에도 히스테리를 치료하는 의사들은 많았다. 그러나 프로이트는 처음부터 신경 구조와 정신질환의 연관성에 대해 확신하면서 1895년 내내 신경 기능을 전제로 한 연구를 통해 심리과정과 정신병리학의 원인을 객관적으로 설명하려고 노력했다.

실증적 과학주의 신경 모델에 경도된 그의 초기 생각은『과학적 심리학을 위한 초고, 1895』에 그대로 담겨있다. 객관성에 경도된 초기 과학적 시각의 방향을 인간 내면의 심리 갈등으로 바꾼 계기는 히스테리 환자들과 만남이 주요했다. 프로이트는 히스테리를 연구하고 환자들을 치료하면서 정신분석학이란 전대미문의 새로운 길을 개척했지만, 이것 때문에 빈의 상류 사회로부터 조롱과 배척을 동시에 당한다.

아름다운 영혼 히스테리

히스테리 환자들과 만남은 프로이트가 정신분석학을 창조하게 만든 첫 번째 분기점이다. 프로이트는 빈 대학 의학부를 졸업한 후 1876년 브뤼케Ernst Wilhelm Von Brücke, 1819-1892의 생리학 연구소에 들어가 꼬박 6년간 뱀장어를 해부하면서 연구한다. 브뤼케는 프로이트가 가장 존경한 스승이었고, 실제로 프로이트의 초기 의사 경력에서 중요한 역할을 했다. 프로이트는 브뤼케에 대해 "그는 내게 가장 큰 영향력을 발휘하는 권위자"(『비종교적 분석에 대한 물음』vol.18, p.81(옹프레 213)라고 하면서 실험실 생활에 만족했다. "나는 마침내 에른스트 브뤼케의 생리학 실험실에서 안정을 찾았고, 완전히 만족했다."(「나의 이력서」 1925, p.206)

19세기 실증과학의 영향을 받은 프로이트는 인간의 마음을 신경 생리학적으로 밝히려는 과학주의에 많이 치우쳐 있었으나 점차 히스테리 환자를 치료하면서 신경학적 관점만으로는 심리 설명이 어렵다는 생각을 깨닫기 시작한다. 그동안 히스테리는 여자들만 걸리는 질병으로 알려져 있었다. 빙의처럼 보이는 인격적 분열 같은 초현실적 태도나 의학적으로는 도무지 원인이 밝혀지지 않는 신체적 증상 때문에 병리적 호기심과 편견의 대상이었다. 프로이트는 단순한 치료가 아니라 히스테리에 대한 이해에서 다음과 같은 새로운 시각을 보여준다.

첫째는 히스테리가 여자뿐 아니라 남자들에게도 나타날 수 있고 신경 계통에 이상이 있는 육체적 질환이 전혀 아니라는 주장이다. 이것은 히스테리 증상이 실제 의학적 원인보다는 심리적인 갈등에서 비롯된다는 거듭된 치료적 관찰과 경험에서 비롯된다. 다음으로 히스테리가 성적 학대 같은 외상 경험 때문에 발생하거나 인격적으로 취약한 사람이 아니라 오히려 억압된 무의식적 욕망을 포기하지 못하고 극적으로 내보이는 예민한 사람들(아름다운 영혼)이 갖는 증상이라는 시각이다. 프로이트가 보기에 히스테리는 가장 아름다운 영혼의 표상이다. '아름다운 영혼Die schöne Seele'은 원래 헤겔이 이념적 도덕적 순수성을 위해 현실과 전혀 타협하지 않는 사람들을 지칭한 말이다. 나중에 샤르코가 히스테리 환자의 별칭으로 부르면서 대중화된다. 프랑스의 정신분석학자 자크 라캉Jacque Lacan, 1901-1981은 히스테리가 단순한 정신장애가 아니라 자신의 욕망을 탐구하면서 내면의 고유성과 진실을 탐구하는 사람이라는 적극적 의미로 옹호한다. 히스테리야말로 진리에 대한 질문을 던지면서 기성의 질서를 허물 수 있는 주체성의 전형이라는 것이다.

프로이트는 히스테리를 탐구하면서, 이것이 병리 현상이 아니라 특정한 시대적 분위기와 가치관의 영향을 받는 보편적인 인간의 정신구조의 본질을 극단적 형태로 드러내는 가장 예민한 정신구조에 해당한다는 진취적 태도를 보여준다. 19세기엔 특히 여자들에게 히스테리가 마치 전염병이라도 되는 것처럼 번져갔다. 하류층보다는 상당히 가정 교육을 잘 받은 상류층 여자한테 히스테리 증상이 많았다. 이 말은 통속적인 선입견과 달리 히스테리 환자들은 인간관계에 유독 예민하고, 지적으로도 명민하거나 지나칠 정도로 결벽증적인 사람들이 많았다는 뜻이다. 초기 그의 후견자인 조제프 브로이어Josef Breuer, 1842-1925와 협업한 『히스테리 연구』에서 다룬 사례만 봐도 이런 경향을 쉽게 확인할 수 있다. 그들이 다룬 히스테리 환자들은 대체로 빈의 부르주아 출신의 교육 받은 여자가 많았고, 예술적 기질이 많거나 지적, 종교적으로 예민한 존재들이었다. 히스테리가 육체노동에 주로 종사하는 하층민들에게는 나타나지 않는 현상이라는 것은 이들이 어떤 면에서 세상과 타협할 줄 모르는 '아름다운 영혼'의 전형을 보여준다고 할 수 있다.

프로이트의 위대한 점은 환자에 대해 이처럼 태도와 시선을 바꾼 데 있다. 그는 의학적 지식으로 무장한 냉정한 남성 관찰자 관점에서 히스테리를 대상화해서 바라보고 특정 기준에 따라 진단하는 게 아니라 적극적으로 환자의 말에 귀를 기울였다. 이 과정에서 히스테리를 유발한 원인을 환자와 함께 찾기 위해 노력했다. 환자에 대한 이러한 태도는 오늘날 정신분석 임상을 정신의학과 구별하는 중요한 전환이다. 그러면서 히스테리가 전적으로 심리적 갈등에서 기인할 수 있다는 생각을 점차 확신한다. 히스테리가 남자들에게도 나타날 수 있다는 주장은 선입견 없이 현상을 탐구하는 호기심 가득한 열린 정신 덕분이다. 프로이트의 이런 문제의식의 변화가 1925년에 쓴 자전적 기록 「나의 이력서」에 잘 나타나 있다. 프로이트는 처음에는 뇌 해부학의 입장에서 신경질환을 연구했다. 파리에서 6개월 동안 수학하면서 히스테리가 남자에게도 일어날 수 있고, 최면을 통해 증상의 비밀을 풀 수 있다는 것을 알게 된다. 그러나 프로이트의 새로운 시각이 빈 주류 의사들에게는 호기심을 넘어 대단히 위험하고 엉뚱하게 보였다. 프로이트는 1895년 10월 빈 의사회에서 이런 의견을 공개적으로 제시했다.

"나는 남자한테도 히스테리가 나타날 수 있다는 생각을 하고, 암시를 통해 히스테리성 마비증을 일으킬 수 있다는 주장을 했다는 이유로 내쫓기고 말았다. 그 직후부터 나는 뇌 해부학 실험실 출입이 금지되는가 하면 강의를 할 수 있는 장소가 여러 학기 동안 제공되지 않았기 때문에 학문 생활과 학회 생활에서 멀어지게 되었다." (「나의 이력서」 1925, p.212-213)

그는 파리 유학에서 샤르코의 시연을 보며 최면 암시가 특별한 신체 증상을 일으킨다는 것을 배웠다. 당시 생리학적 편견으로 히스테리를 생리학적 질병으로만 대해왔던 당시 의사들은 이를 선뜻 수용하지 않았다. 결국 그 이유로 프로이트는 대학에서 쫓겨난다 (마르트 로베르, p.113). 그리고 의사협회를 탈퇴했다가 1896년 다시 참여하지만 죽을 때까지 의사 세계에서는 영원한 비주류로 남는다.

여기에도 신들이 있다introite et nam et hic dii sunt[1]

빈의 의사들로부터 배척당하고, 학자가 아니라 황당한 이론을 주장하는 괴짜처럼 취급을 받았지만, 프로이트는 좌절하지 않았다. 대신 히스테리 현상을 지배하는 고유한 '법칙성'을 발견하고자 히스테리 연구에 몰두하면서 무의식의 과학을 탄생시킨다. 당시 오스트리아 빈의 베르크가세Berggasse 19번지에 있는 프로이트의 진료실 카우치 위에는 샤르코가 히스테리 환자를 대상으로 여러 장면을 시연하는 그림이 걸려 있었다. 아마 틈틈이 이 그림을 보면서 히스테리가 무엇이고, 아름다운 영혼인 그들이 품은 욕망이 무엇인지 골똘히 생각했을 것이다. 니체에게 초인이 있다면 프로이트에게는 히

---

1 「나의 이력서」에 나오는 말로 프로이트가 라틴어 원문을 책에 직접 인용한다. 이 말은 신은 특정한 교회나 성스러운 곳에만 있지 않고 모든 곳에 계신다는 뜻으로 범신론과 통한다. 예술가들은 이 말을 예술의 신성함을 찬양하고 고취하기 위해 즐겨 사용하기도 했다. 하지만 프로이트에게 이 말은 필연성과 법칙을 뜻하는 의미로 다가왔다고 할 수 있다. 명시적으로 표현하지는 않았지만, 프로이트는 히스테리가 우발적이고 우연적 질병이 아니라 고유한 심리적 원인이 있고, 그것을 탐구하면 원인은 물론 치료도 가능하다는 신념을 보여주기 위해서 사용했을 것이다.

스테리 환자들이 있었다. 프로이트의 유아 성욕, 역동적 무의식, 꿈이 보여준 무의식의 법칙들 그리고 그 길에 이르는 자유연상과 카우치는 히스테리 환자를 분석하고 치료하는 과정에서 자연스럽게 획득한 일종의 이론적 전리품이다. 히스테리가 기질성 장애가 아니라 사회적 관계에서 비롯된 심적 갈등을 신체적 증상으로 전환해 표현한다는 점은, 유명한 '안나 O' 사례에서 확인할 수 있다. '안나 O'는 프로이트가 아니라 그의 후견인이자 선배인 브로이어의 환자였다. 이는 정신분석 역사의 출발점이 되는 상징적 사건이며, 가장 전형적인 사례이기도 하다.

정신분석 탄생에 기여한 안나 O

안나 O의 핵심 증상은 '인격분열' 현상, 그리고 생리적 원인과 관련성이 거의 없는 신경성 기침이나 팔의 마비 같은 '다양한 신체 증상'이다. 안나 O는 매우 지적이고 정열적인 엘리트 여성이었고[2] 다른 사람에 대한 동정심이 많았으며, 나중에는 고아 구제사업을 할 정도로 사회 공헌 활동가였다. 하지만 한참 아플 당시 신경증이 심각해지면, 전혀 다른 사람의 모습으로 행동해 브로이어를 놀라게 했다. 주기적인 인격분열 상태에서는 환각에 빠지거나, 사람들에게 욕을 퍼붓고 행패를 부리는 등 못되게 굴면서도 기억을 전혀 하지 못했기 때문이다. 이것은 평상시 억압되어 있지만 다양한 모습으로 얼굴을 드러내는 무의식 현상이다. 무의식은 제2의 인격이거나 빙의 같은 현상과는 전혀 다른 것으로 실제 우리 의식의 그림자를 이루면서 의식적 삶에 끼어든다. 아주 멀쩡하고 심지어 과도할 정도로 도덕적이고, 예의 바른 반듯한 처녀가 갑자기 다른 사람처럼 변해 소리를 지르거나 환각을 보는 모습은 마치 귀신이라도 들린 것 같아 주변 사람들을 놀라게 한다. 주치의 브로이어도 마찬가지 반응이었다. 안나 O 증상이 브로이어에 대한 지나친 집착과 성애적 전이로 발전하자 당황해서 치료를 중단하기도 했다.

안나 O의 히스테리 증상은 감당하기 힘들 정도의 심적 갈등 때

---

2 프로이트는 안나 O를 다음처럼 묘사한다. "그녀는 눈에 띄게 지능이 높고, 놀라울 정도로 사물을 빨리 파악했으며, 직관력이 뛰어났다. …그녀는 정신력이 강했고 정열적이었고 고집이 셌다. …그녀가 가진 본질적인 성격 요인 중 하나는 동정심에서 우러난 친절함이었다." (『히스테리 연구』, p.35). 실제로 안나 O는 나중에 사회사업과 여성운동에 뛰어들어 큰 공헌을 했으며, 오스트리아 우표 속 인물로 선정될 정도였다. 히스테리 환자가 정신적으로 문제가 많은 사람이라는 편견은 안나 O를 보면 깨질 수밖에 없다.

문에 생긴 것이다. 의식적이고 사회적으로 금기시하는 도덕 관념과 무의식적 욕망이 충돌할 때 내적 충동은 신체 증상으로 전환되어 나타난다. 이것이 히스테리의 본질이다. 예컨대 그녀는 한 번 기침이 시작되면 멈출 수가 없었다. 이것은 병든 아버지를 간호하다가 옆집에서 들려온 무도회 음악을 우연히 들으면서 시작되었다. 음악을 듣는 순간 자신도 모르게 무도회에 가고 싶은 충동이 강하게 일었지만, 그녀의 강력한 도덕적 자아가 이를 비난하고 억제하면서 신경성 기침이 시작된다. 다음부터 무도회 음악만 들으면 멈추지 못한 정도로 기침을 하는데 이 증상은 그녀의 내적 갈등과 자기 처벌적 억압을 보여주는 신체 징후다. 다른 증상들도 이런 심적 갈등이나 억압과 관계가 있다. 이것을 최면 상태에서 이야기하게 만들면서 당시 상황으로 데려가 직면하게 만들면 호전되는 현상이 반복된다.

예를 들어 그녀는 한동안 물을 먹지 못해 고통스러워했는데 최면 상태에서 무슨 일이 있었는지 물어보았다. 그녀는 평소에 별로 좋아하지 않은 친구 집을 방문했을 때 친구의 개가 사람이 먹는 잔의 물을 같이 먹는 것을 보았다. 몹시 불쾌했지만, 예의상 이를 전혀 말하지 못했다고 한다. 그다음부터 일종의 섭식장애가 시작된다. 최면 상태에서 이런 기억을 떠올려 사건에 대해 직접 말한 후에야 물을 마실 수 있었다. 자기에게 일어난 일과 브로이어의 치료를 보면서 안나 O는 이런 치료를 재치 있게 '굴뚝 청소'라고 불렀다.

브로이어는 자신의 치료법을 의학적 관점에서 정화법catharsis이라고 불렀는데 이것은 억압된 기억을 최면 등을 통해 다시 서술하고 억압된 것을 발산함으로써 증상을 치유하는 것과 관련이 있다. 오늘날 싸이코 드라마 같은 치료는 정화법 원리를 따른다고 할 수 있다. 안나 O의 히스테리 증상과 그것의 치료 과정을 듣고 프로이트는 히스테리가 억압된 기억이나 그 기억이 남긴 정서적 효과인 정동Affect과 깊은 관계가 있음을 깨닫고 무의식의 존재와 힘을 점점 확신한다.

억압을 낳을 수밖에 없는 극한의 경험, 두려움, 수치심, 죄책감, 공포의 경험은 강렬한 에너지를 갖는 정동을 불러일으킨다. 주체는 이런 불쾌함을 피하고자 기억을 망각하거나 외면하지만 억압된 정동과 표상은 무의식에 내재해 있다가 여러 신체 증상을 통해 계속 드러난다. 프로이트가 히스테리 환자를 치료하면서 점점 성적 병인론, 즉 모든 것이 성적 사건과 이에 대한 억압에서 비롯된다는 시각으로 기우는 것도 같은 맥락으로 이해할 수 있다. 당시 19세기 빈은 가부장적인 강력한 성 관념에 따라 여성이 성적 욕망을 표현하거나 자유를 추구하는 것은 철저하게 금기시하면서 아예 거론조차 하지 않았기 때문이다.

안나 O 외에 『히스테리 연구』에 나오는 프로이트의 다른 환자들 이야기도 비슷하다. 예를 들어 형부를 사랑했던 엘리자베스는 언니가 갑자기 사망하자, 이제 자기가 언니 대신 형부 아내가 될 수 있으리라고 순간적으로 생각한다. 그러다 언니에 대한 죄책감이 물밀듯이 생기자 이런 소망을 자신도 모르게 억압했지만, 그날 이후 심리적 갈등이 생기면 다리에 심한 통증을 느낀다. 마음의 갈등이나 이런 갈등이 초래하는 극심한 불안감을 피하기 위한 가장 빠른 방법

정동Affect과 증상

정동은 무의식적 정서를 말하며 신체와 심리에 동시에 작용한다. 예컨대 학대를 당했
을 때 마음에 흔적처럼 남은 수치심과 고통 같은 기억 흔적에 연관된 강한 정서(불쾌
감)다. 정동은 의식에 의해서는 파악이 되지 않지만, 몸과 마음에 지속해서 영향을 미
친다. 프로이트는 당시 정동을 단순히 억압된 기억이라고 생각하면서 "히스테리는 기
억 때문에 고통을 당한다"라고 유명한 말을 남긴다. 히스테리의 증상은 이 정동의 표현
인 것이다.

인간 내면의 불안과 무의식적 정서를 상징적으로 표현한 작품
오딜롱 르동 〈Hallucinations〉 1850-1916

은 그것을 때로 육체적 고통으로 바꾸는 것이다. 결국, 히스테리는 억압된 기억과 이것에 부착된 정동 때문에 예민한 심적 갈등을 겪는 순수한 영혼을 지닌 이들이 걸릴 수밖에 없는 증상이다. 왜 19세기 빈에서 유독 신경증 환자가 많았고, 특히 상류층 여자들이 히스테리 증상을 자주 보였는지 이제야 이해할 수 있을 것이다. 억압적이고 권위적인 사회는 심정 갈등을 마음껏 발산할 수 없는 사람들을 고통스럽게 하고, 증상을 키우는 원인으로 작용한다. 우리나라에서 과거에 시집살이한 여자들이 많이 겪는 화병도 히스테리와 비슷하다. 통제하기 힘든 강렬한 소망(욕망, 충동, 강한 감정)이 발생하면 이것을 그대로 드러내지 못하고 참거나 억압하지만, 화병은 억압된 것이 여러 신체적 증상을 유발하면서 계속 작동한다. 이런 까닭에 히스테리를 말하는 몸이라고도 부른다. 히스테리는 억압적인 사회 분위기 속에서 자신의 욕망이나 감정을 표출할 수 없는 사람들이 선택하는 일종의 방어적 도피이기도 하다.

프로이트는 분석 치료에서 이런 심적 전환 메커니즘을 발견했기 때문에 의학을 넘어 무의식의 과학인 정신분석을 창시할 수 있었다. 히스테리 속에서 외치는 무의식의 목소리, 그 법칙성에 유일하게 주목한 사람이 프로이트였다. 프로이트가 천재로 불릴 수 있다면 이런 새로운 현상의 중요성을 본능적으로 직감하면서 그것이 지니는 과학적이고 임상적인 의미를 남들과 달리 깨달았다는 것이다.

빈의 레스토랑과 프라타 공원

빈의 상징이기도 한 슈테판 대성당 근처에 가보면 1904년에 문을 연 유명한 카페가 아직도 영업 중인데 카페 코르브Cafe Korb, Brandstätte 7-9, 1010 Wien가 그 장소다. 여기는 프로이트의 수요심리학회가 빈 정신분석학회Vienna Psychoanalytic Society로 바뀌면서 규모가 커지자 정기적으로 모임을 한 역사적 장소이기도 하다. 빈의 전통을 간직한 카페로 황제가 커피를 마시기 위해 찾기도 한 명소로 알려지면서 지금도 문화예술인들이나 유명인들이 즐겨 찾는 장소다. 화려하지도, 크지도 않은 이 카페는 오스트리아와 유럽에서 전형적으로 볼 수 있는 레스토랑 겸 카페다. 아담하고 겉으로 보면 특별한 모습은 없지만 오래 쌓아온 명성과 품격을 느낄 수 있다. 우리나라에서는 카페 코르브처럼 긴 역사와 전통을 자랑하는 음식점이나 주점이 흔치 않지만, 유럽에는 드물지 않게 이런 장소가 있어서 내부에 가면 갑자기 시간을 초월하는 느낌을 받기도 한다. 물론 지금은 내부가 많이 바뀌어 프로이트 당시 흔적을 찾기는 힘들지만, 홀에 들어서 내부를 둘러보면 프로이트와 그 제자들이 격론을 벌이는 장면을 잠시나마 상상해볼 수 있다.

프로이트가 담배와 더불어 커피를 거의 중독이라 할 정도로 즐긴 것은 유명하다. 빈 시청에서 멀지 않은 곳에 있는 레스토랑 란트만Landtmann, Universitätsring 4, 1010 Wien도 생전에 프로이트가 즐겨 찾던 카페다. 프로이트 집에서 여기까지는 약 1.5킬로미터 거리라 산책 겸 걸어가 볼 수 있다. 안으로 들어가면 고풍스러우면서도 깔끔한 브라운색 소파와 식탁이 가지런히 정돈된 세련되면서도 반듯한 고급 레스토랑 느낌이 든다. 지배인에게 혹시 프로이트가 이곳 단골이었다는 얘기를 들었는데 아는 것이 있냐고 물어봤다. 그는 잠시 머뭇거리더니 우쭐하면서 마치 자기가 프로이트를 접대라도 한 것처럼 안쪽 구석 자리를 손으로 가리키면서 프로이트가 자주 앉았다는 얘기를 들려주었다. 아직 젊은 지배인이 프로이트가 약물 중독자였다고 아주 확신에 차서 이야기해 좀 의아하면서도 재미가 있었다. 아마 프로이트가 인턴이던 시절 코카인 실험을 하던 얘기를 전에 레스토랑에서 일하던 사람에게 전해 들은 것 같다. 맛집으로도 손색이 없으니 한번 들려서 빈의 명물 요리인 비너 슈니첼Wiener Schnitzel을 먹어보는 것도 괜찮을 것이다. 카페 코르브Korb나 란트만Landtmann은 프로이트의 집(현재 프로이트 박물관)에서 모두 2킬로미터 반경 안에 있으니 프로이트와 산책하는 느낌으로 한번 둘러보면서 유서 깊은 빈의 커피와 자허토르테Sachertorte 같은 디저트 케이크를 맛보는 것도 좋을 것이다.

빈을 떠나기 하루 전날 빈 외곽에 있는 프라타 공원Wiener Prater에 산책 겸 가 보았다. 이곳은 어린 프로이트가 대략 10살 전후로 가족과 함께 자주 찾던 곳이다. 지금도 빈 사람들이 가족과 여가를 보내기 위해 자주 찾는 빈의 대표적인 공원으로 엄청난 크기다. 언젠가 프로이트가 가족과 함께 이 공원에 왔을 때 돈을 받고 점을 쳐주는 떠돌이 시인이 프로이트를 유심히 쳐다보면서 "이 아이는 장차 아주 큰 인물(장관)이 될 것"이라고 예언했다고 한다. 물론 이 이야기는 특별한 근거 없이 전해지는 일화에 가까운 말이었을 것이다. 하

카페 코르브

프로이트의 수요심리학회가 빈 정신분석학회Vienna Psychoanalytic Society로 바뀌면서 규모가 커
지자 정기적으로 모임을 한 역사적 장소

지만 프로이트의 어머니 아말리아는 이 말을 유심히 새겨들었으며 어린 프로이트의 기억에도 이 장면이 늘 남아 있었다고 한다. 연이은 대학교수 취직 실패와 생활고 속에서 그는 이 모든 것이 자신이 유대인이기 때문일까 생각하면서도, 어렸을 적 들은 이 예언을 떠올렸다.

아마 프로이트는 언젠가는 이 예언이 성취되어 자기가 빈을 넘어 세계적으로 인정받는 지적 거장이자 정복자로 기억될 수 있다고 평생 믿었을 것이다. 그러면서도 끊임없이 정규 대학교수도 되지 못한 자신의 처지에 실망하고 자신은 지나치게 평범하다고 한탄한 모순적인 인물이다. 나중에 프로이트가 자신을 로마 정복에 끝내 실패한 위대한 한니발 장군과 동일시하면서 로마를 좋아한 것도 이 때문이다.

프라타 공원에는 놀이 시설도 있는데 공원을 도는 작은 미니 기차는 1928년에 만들어 지금도 운행하고 있다. 프로이트가 어린 시절 추억을 떠올리며 자기 아이들을 데리고 이곳을 찾았을지도 모른다. 프라타 공원에서 어머니의 남다른 배려와 사랑을 받으면서도 젊은 어머니를 이복형에게 혹시 빼앗기지 않을까 조바심치던 어린 프로이트의 꿈과 성인기의 좌절을 곱씹으면서 빈의 여정을 마무리했다.

오스트리아 빈 프라타 공원

히스테리를 만나다

Paris

프로이트가 유학한 살페트리에르 병원

프랑스 파리는 프로이트가 처음 경력을 쌓은 곳이자 마침표를 찍은 중요한 도시다. 정신분석 창시의 첫 번째 분기점은 1885년 10월-1886년 2월까지 파리 살페트리에르 병원으로 떠난 유학에서 만난 샤르코였다. 파리에 프로이트의 흔적이 조금이라도 남아 있을지도 모른다는 생각에 들뜬 마음으로 '서둘러' 살페트리에르 병원으로 향했다. 이 병원을 가장 중요한 방문지로 삼은 것은 프로이트가 이곳에서 6개월간 수학하기도 했지만, 이 병원이 프랑스만의 정신의학적 전통을 지닌 유서 깊은 장소이기 때문이다.

프로이트가 유학할 당시 살페트리에르 병원은 유럽에서 가장 큰 신경학 병동과 전문의 훈련체계를 갖춘 선진의학의 장이었다. 당시 샤르코가 총책임자로 병원의 신경 병리학 분야를 의욕적으로 키우고 있었다. 따라서 프로이트뿐 아니라 학문적 호기심이 가득한 전 세계의 젊은이들이 새로운 신경학을 배우고자 살페트리에르에 몰려들었다. 당시 이곳은 마치 오늘날 미국 첨단과학기술의 상징이자 전초기지인 실리콘 밸리Silicon Valley처럼 신경학에서 최고의 권위를 가진 교수진과 시설을 보유한 이상적 장소였다. 브뤼케 실험실에서 6년간 신경과학 연구를 했고 새로운 학문에 목말랐던 프로이트가 이곳에 오고 싶어 한 것은 당연했다. 5개월 남짓의 짧은 유학 기간이었지만 여기서 경험한 샤르코의 히스테리 시연과 가르침은 프로이트에게 큰 영감을 준다. 프로이트는 나중에 프랑스 낭시Nancy에서 최면 기법을 좀 더 심화시키기도 한다.

지금도 종합병원으로 여전히 환자들을 받고 있고, 역사적 권위도 지닌 파리 살페트리에르 대학 병원을 방문하기 위해 파리에 도착해서 지도를 살폈다. 혹시 샤르코나 프로이트의 흔적, 또는 그간 발견하지 못한 특별한 자료를 내가 찾을 수 있지 않을까 기대하면서 다음 날 서둘러 병원을 향해 출발했다. 원래 이 병원은 루이 15세 때 거리의 부랑자들을 수용하기 위한 구제원으로 설립되었다가 나중에 여자 환자를 수용하는 정신병원으로 개조된 유서 깊은 장소다. 미셸 푸코가 『광기의 역사』에서 언급한 것처럼 독일 못지않게 프랑스 정신의학의 뿌리도 깊다. 프랑스 정부는 살페트리에르를 세계 최고의 신경학 및 정신병원으로 성장시키기 위해 샤르코에게 거액을 지원하면서 매년 후원했고, 그 결과 살페트리에르가 급성장할 수 있었다.

살페트리에르는 파리 13구에 있으며, 지하철 5호선 생 마르셀Saint-Marcel이나 6호선 슈발레레Chevaleret 역에서 가깝다. 또한 센강Seine River에 있는 10호선 도스테를리츠d'Austerliz 역에서 내려도 된다.

살페트리에르 병원

지하철 5호선 쪽에 병원 정문이 있는데 정문이 있는 도로명 자체가 '호피탈가Boulevard de l'Hôpital'로 명명되어 있어서 비교적 찾기가 쉽다.

현대식 정문 건물을 지나 안으로 들어가면 카페와 작은 가게도 있는데 마치 도시를 벗어나 큰 공원에 들어간 것 같은 한가한 느낌이다. 우리나라와 달리 종합병원을 일반 공원처럼 꾸미고 여유 공간을 많이 배치하여 병원 환경이 상당히 쾌적하다. 병원 입구를 지나면 앞에 작은 공터가 있고 거기에 동상이 하나 서 있는데 그것이 유명한 필립 피넬Philippe Pinel, 1745-1826 동상이다. 샤르코 이전에 이 병원에는 인도주의 치료로 유명한 피넬이 있었다. 그는 프랑스에서 근대 정신의학의 기틀을 마련한 선구자로 평가받는 인물이다. 피넬이 활동하던 당시까지 대체로 정신병은 악령에 사로잡히거나 사악한 몸의 기운에서 비롯된 것으로 인식되었다. 때문에 온갖 야만적인 치료법, 즉 전기 자극, 물고문, 피 뽑기, 공기주입 등으로 귀신을 쫓아내 병을 치료하려고 시도했다. 말이 치료지 사실상 감금과 고문에 가까웠으며 폭력도 다반사였다.

피넬은 환자의 인격과 권리도 중요하다며, 이른바 도덕 치료moral therapy를 주창했다. 도덕 치료란 환자를 감금하고 물리적으로 학대하는 것이 아니라 인간적으로 존중하면서 아늑한 환경을 조성해 인격적으로 정신장애를 치료하는 방식이다. 피넬이 보기에 환자들의 정신병 증세는 사회적, 심리적 압박에서 오는 갈등에서 비롯된 것이었다. 이들을 격리하고 묶어 두는 등 폭력적으로 대하는 것이 오히려 증상을 악화시킬 위험이 있다고 생각했다. 물론 나중에 도덕 치료는 너무 순진하고 실제 실행에 시간과 인력 '문제' 등 어려움이 따른다는 이유로 쇠퇴했지만, 환자도 인간이라는 평범한 진리는 인권선언이 최초로 나온 프랑스의 정신을 잘 보여준다. 대감금 시대에 환자를 편견과 압박에서 풀어준 사람이 바로 피넬이었다. 살페트리에 병원은 그런 인간 존중과 평등의 휴머니즘 전통이 있으며, 18~19세기 신경 병리학의 최첨단 기지로 명성을 떨쳤다. 프로이트는 이곳 프랑스에서 환자들을 동등한 인격체로 대우하면서 환경과 주변 관계가 정신적 장애의 원인이 될 수 있다는 인도주의적 치료의 영향을 받았을 것이다.

살페트리에르 병원 내부와 샤르코 기념물

살페트리에르 병원은 생각보다 규모가 훨씬 컸다. 병원 내부를 도는 순환 버스가 있었고, 여러 채의 건물과 부속 시설이 죽 이어진 거대한 복합 단지였다. 건물 자체가 하나의 도시처럼 느껴질 정도

필립 피네 동상

였다. 현대식 건물과 오랜 세월의 흔적을 간직한 구식 석조건물이 나란히 놓여 있는 것을 보니 오랜 세월을 지나면서 증축이나 확장을 많이 한 것 같다. 파리는 정책적으로 옛것을 최대한 보존하려고 노력하는 곳이다. 특히 유서 깊은 건물들은 지금도 정면과 기본 형태를 훼손하지 못하고 내부만 수리하도록 엄격하게 법으로 규제하고 있다. 파리의 풍경이 변함없는 것도 그 때문이다.

살페트리에르는 우리나라 종합병원처럼 중앙 건물이 독립적으로 있지 않다. 각 클리닉 별로 다시 작은 단지처럼 나뉘어 있으며, 그 안에 도서관, 학교, 천주교 성당 등 여러 시설과 제법 규모가 있는 작은 공원과 산책로까지 갖춘 '독립된' 일종의 복합건물이다. 일찍이 필립 피넬이 환자를 풀어주고 이들을 인격적으로 대우할 것을 주문했지만, 프로이트 활동 당시에도 환자들은 여전히 감금이나 강제급식 등 다소 잔혹하고 엽기적인 치료로 고통받고 있었다. 굳게 닫힌 문과 작은 창문들을 바라보며, 마치 우리에 갇힌 생기 없는 야수처럼 초점 없이 바깥세상을 응시했을 당시 신경증 환자와 정신질환자들의 모습을 잠시 떠올리기도 했다.

병원 입구에서 지도를 확인했지만, 샤르코가 근무했던 신경 병동

건물을 찾기는 너무 어려웠다. 무턱대고 샤르코 당시 옛날 건물을 머릿속에 그리며 비슷한 형태를 찾았는데, 샤르코가 학생들에게 강의하고, 히스테리 환자들을 데려다 최면 시연을 한 당시 건물은 이미 오래전에 철거된 것을 현장에 도착해 알게 되었다. 하지만 그 자리에 '샤르코 기념관'이라는 이름이 붙은 초현대식 대강당 건물이 있었다. 이곳을 찾기 위해 여러 사람, 특히 의대생이나 의사처럼 보이는 사람들에게 길을 물어야 했는데, 워낙 안쪽에 있어서 찾는 게 만만치 않았다. 샤르코 대강당은 살페트리에르 구역 내 '뤼 데 프티트 로주 가Rue des petite Loges' 안에 있다.

대강당 옆에 샤르코의 신경 병리동 당시 건물의 위치를 알려주는 배치도와 여러 장의 사진과 설명이 있는 안내판이 있어 당시 상황과 역사를 상상으로나마 반추할 수 있다. 사진 중에는 샤르코의 초상화와 아주 유명한 앙드레 브루이에A. Brouillet의 작품 〈살페트리에르의 병리학 수업〉이 있다. 당시 병원의 모습을 사진으로나마 볼 수 있는 것은 다행이지만 샤르코에 관해 더 알 수 있는 자료실이나 당시 건축된 부속 건물이라도 있을 줄 기대했기에 실망감이 좀 컸다. 프랑스 정부가 대강당 주변을 '샤르코 구역Quartier Charchot'이라고 명명한 것을 보면 샤르코에 대한 프랑스인들의 존경과 자부심을 엿볼 수 있다.

샤르코는 근대 신경학의 창시자로 권위를 가지면서도 최면을 통해 히스테리 환자의 증상을 만들거나 제거하는 등 최면 치료로 저명했다. 그의 히스테리 공개 시연은 대학뿐 아니라 세간의 화제였으며 정신의학 발달사에 획을 그은 에피소드로 유명하다. 샤르코를 기념하는 동판에는 다음과 같은 글귀가 있다.

"근대 신경생리학은 그 방법론과 근본적인 완성을 샤르코에게 빚지고 있다. 1862년에 죽은 살페트리에르의 의사 샤르코는 화요일 수업과 금요일 임상 실습을 해 전 세계에서 온 수많은 사람을 끌어모았다."

프로이트는 단 5개월 동안의 짧은 유학을 했지만, 샤르코의 최면 치료에 큰 영향을 받았고, 생리학에서 최면술과 히스테리 연구로 서서히 방향을 틀게 된다. 약혼자에게 1885년 11월 24일 보낸

샤르코 기념 동판

편지에서 프로이트는 "샤르코[1]만큼 내게 큰 영향을 미친 남자는 없었다"고 고백하기도 했다.[2] 프랑스 유학은 프로이트를 신경생리학 연구자에서 심리학 연구자로 완전히 방향을 튼 계기가 되었다. 샤르코의 영향으로 프로이트는 히스테리가 남자들도 걸릴 수 있으며, 심리적인 것이 원인이 된다고 생각하면서 빈으로 돌아온다. 프로이트는 그 후 1889년에 프랑스 낭시Nancy에서 최면 시술을 잠시 공부하기도 했다. 프랑스는 프로이트 정신분석학의 창시과정에서 꽤 중요한 곳임이 틀림없다.

정신분석 치료기법에 드리운 샤르코의 그림자

정신분석의 창시는 치료기법의 발전과도 연관이 있다. 정신분석 치료기법은 최면 치료 – 압박치료 – 자유연상 – 꿈 분석 식으로 발전했다. 이런 일련의 발달 과정에서 오늘날처럼 문진(증상 확인)이나 관찰이 아니라 철저하게 환자의 말에 중요성을 부여하는 자유연상이 정신분석 임상의 주기법으로 정착한다. 정신분석 치료기법의 확

---

1 샤르코는 1862년부터 1893년까지 30년 넘게 히스테리 환자를 치료했다(미셸 옹프레 옹프레, 321쪽). 프로이트는 최면을 통한 히스테리 증상 재연과 치료에 큰 감명을 받았다. 나중에 낭시에서 최면술 치료사로 활동한 이폴리트 베른하임의 「치료술 제안과 적용 사례」를 독일어로 번역했다(옹프레, 325쪽).

2 당시 프로이트가 얼마나 샤르코를 존경하고 영향을 받았는지 그는 아들에게 장 마르탱(Jean Martin)이라는 이름을 붙여줄 정도였다. 그는 샤르코가 자기 생각과 의도를 완전히 뒤흔들고 있다고 고백하기도 했다. 1885년 11월 24일자 편지(마르트 로베르, 79쪽).

립 과정에서 정신의학이나 심리학과는 다른 정신분석 고유의 임상 이론과 치료기법이 만들어진다. 자유연상은 무의식을 끌어내는 정신분석 실천을 보여준다.

프랑스에서 돌아온 프로이트는 먼저 최면을 이용해 히스테리 환자들을 분석하면서 최면술을 치료에 도입했다. 『히스테리 연구』의 공저자 조셉 브로이어도 안나 O를 대상으로 최면 치료를 했으니 최면 자체가 새로운 치료 기술이라고 말하기는 힘들다. 하지만 프로이트에게 최면은 치료를 위한 암시 수단이 아니었다. 최면을 통해 환자가 망각하고 억압한 기억을 찾아나가며, 점차 증상 너머 무의식에 접근해간다. 물론 치료기법의 발전 과정에서 프로이트도 당시 다른 의사들처럼 뜨거운 물 치료, 마사지 요법, 최면 암시, 전기 치료들도 병행하기는 한다(『히스테리 연구』 1895, p.72). 여러 치료기법을 병행하면서도 최면에 끌린 것은 브로이어의 영향을 받은 '카타르시스 요법'을 따라 했기 때문이다.

카타르시스 요법은 억눌린 과거 기억과 기억에 부착된 감정을 최면을 통해 알아내어 환자가 말로 발산하게 함으로써 환자를 치료하는 방법[3]이 '다만' 프로이트는 카타르시스 요법을 점차 포기한다. 이것은 환자를 최면 암시에 반응하면서 따라오는 수동적 존재로 가정하는 문제가 있고, 정화해야 하는 외상적 사건이 있어야만 가능

---

3 정화법에 대해서 프로이트는 다음과 같이 설명한다. "환자가 히스테리의 원인이 되는 사건을 완전하게 기억해내고 동시에 그 기억에 얽혀 있는 감정을 불러일으키는 데 성공하면, 그리고 환자가 그 사건에 대하여 가능한 한 상세하게 진술하고 감정들을 말로 표현하게 되면 개개의 히스테리 증상은 곧 소멸되고 두 번 다시 일어나지 않는다는 것이다"『히스테리 연구』 1895, 17쪽

한 치료법이기 때문이다. 더 큰 문제는 카타르시스 요법으로 치료를 해도 증상이 재발하는 경우가 많았다는 것이다.

프로이트는 히스테리 환자들을 치료하면서 점차 암시를 통해 증상을 제거하기보다 신경증을 유발한 심리적 원인을 찾는 데 몰두한다. 예컨대 프로이트의 환자 중 루시 R은 만성 비염으로 냄새를 거의 맡지 못했다. 그런데 늘 한 가지 냄새가 그녀를 따라다니고, 그 냄새가 머리를 가득 메울 때면 마음의 갈등이 심해진다고 프로이트에게 말한다. 프로이트는 최면을 통해 그 냄새가 아이들과 요리하며 놀다가 어머니 편지를 받게 되었고, 아이들과 편지를 두고 옥신각신하는 동안 푸딩이 타는 냄새였다는 것을 알게 된다. 그녀는 당시 한편으로는 어머니에게 돌아가고 싶고, 다른 한편으로는 아이들을 떠나고 싶지 않다는 생각에 갈등했다. 이런 상황에 도착한 어머니의 편지는 그 순간 맡은 푸딩 타는 냄새와 함께 무의식적으로 각인되었다. 결국, 푸딩 냄새는 서로 반대되는 감정이 충돌하는 순간을 상기시키는 촉매제로 남은 것이다. 그러나 프로이트는 이런 상황만으로는 히스테리 증상이 나타날 수 없다고 판단했다. 더 깊은 탐색이 필요했다. 마침내 그녀가 가정교사로 있는 집의 주인을 사랑하고 있었으며, 또 한편으로 이런 생각을 스스로 용납하지 못하고 떠나야 한다는 생각에 괴로워하며 몹시 갈등했다는 것까지 알아낸다. 가난한 집안의 처녀가 '자신이' 돌보는 아이들의 부자 아버지를 사랑한다는 생각이 견디기 힘든 갈등을 유발했을 것이다. 또한 그녀의 고용주는 죽은 아내를 여전히 사랑했기에 더더욱 이 사랑은 이루어지기 힘들었다. 결국, 사랑에 대한 집착과 이를 억압하는 마음이 충돌하게 된다. 그리고 그순간 맡았던 푸딩 타는 냄새가 그 후 이 갈등을 다시 상키시키는 뇌관 역할을 하게 된 것이다. 프로이트는 이런 식으로 최면과 최면 후 대화를 통해 점점 마음의 갈등이 히스테리 질환을 유발할 수 있음을 확신한다.

"실제로 외상이 되는 순간은 바로 부조화가 자아를 직접 압박하는 순간이며, 자아가 부조화스런 관념을 거부하기로 결심하는 순간이다."(『히스테리 연구』 1895, p.164)

치료에 최면을 적용하고 암시를 통해 히스테리 증상을 유발하거나 제거하면서 암시와 심리적 작용의 역할을 발견한 것에 만족한 샤르코와 달리 프로이트는 자신의 연구를 비판적으로 추진해나갔다. 결국 회상이나 기억을 끌어내기 힘들 때 최면술을 사용하면서도 점점 병의 원인이 되는 심리적 소재를 차례차례 제거해 내는 방법(『히스테리 연구』 1895, p.186)이 더 중요함을 알게 된다. 증상의 제거보다 그 원인을 찾는 것이 더 중요하다고 보면서 정신분석에 몰두한 것이다.

최면에서 자유연상으로

프로이트는 파리에서 샤르코의 임상 실연에서 배운 것에 착안해 환자의 심리적 갈등을 직접 파헤치는 방법으로 최면술을 활용한다. 점점 전기 치료 등 당시 일반화된 방법을 버리고, 최면술을 주로 활용했는데 당시 오스트리아 의학계는 최면술을 마치 사이비 기술인 것처럼 취급했다. 파리에서 돌아온 후 진료실을 열어 환자를 맞았지만 신통치 않았다. 자신의 최면 기술이 부족하다고 생각한 프로이트는 1889년 다시 프랑스 낭시로 가서 리에보Ambroise-Auguste Liébeault, 1823-1904, 베른하임Hypolyte Bernheim, 1840-1919 등과 어울리며 최면 기술을 심화시킨다. 파리에 샤르코가 있다면 낭시Nancy에는 이들이 있었는데, 빈과 달리 프랑스는 당시 새로운 방법으로 정신질환과 히스테리를 치료하는 선도국이었다. 하지만 최면을 연구하면서 프로이트가 더 많이 깨달은 것은 치료의 중요성보다는 인간 정신을 지배하는 무의식적 과정이 분명히 존재한다는 점이었다. 최면이 일깨워준 것은 환자가 의식적으로 표현은 하지 못하지만 무언가를 자신도 모르게 안다는 것이다.(「나의 이력서」 1925, 227쪽) 환자가 알지 못하는 무의식은 그를 지배하는 실제적 힘이었다.

안나 O의 사례에서도 프로이트는 브로이어가 최면을 통해 그녀의 감정을 억압하는 사건이 무엇인지 찾는 것에 더 관심을 보였다. 환자에게 최면을 걸어 증상의 심리적 기원을 찾아 억압된 기억이나 감정을 말로 발산하게 하면 그것이 사라지는 것을 발견했기 때문이다. 브로이어는 감정 정화법에 머물렀지만, 프로이트는 한발 더 나아간다. 프로이트는 이제 특정 사건과 연관된 억압된 감정보다는 일상적으로 일어나는 심적 갈등 자체에 주목하면서 숨은 원인인 무의식적 욕망을 찾기 위해 노력한다. 프로이트가 나중에 히스테리가 성적 원인을 갖는다고 생각한 것도 그 때문이며, 최면을 통해 히스테리를 치료하면서 무의식에 대해 인식을 심화할 수 있었던 것도 증상보다는 정신과정 자체에 관한 관심 덕분이다. 그러나 「나의 이력서」에서 밝힌 대로 프로이트는 시간이 지나면서 최면술도 차차 포기한다. 그 이유는 다음과 같다.

"첫째로는 내가 낭시에서 베르넴과 함께 한 교육 과정에도 불구하고 충분히 많은 환자들에게 최면을 거는 데 성공하지 못했기 때문이고, 둘째로는 그가 최면에 기반한 카타르시스의 치료 효과에 만족하지 못했기 때문이다. 이 효과는 사실상 매우 뚜렷했고, 또 치료 기간이 짧아도 곧 나타나긴 했지만, 지속적이지 못하고 환자와 의사의 개인적인 관계에 지나치게 의존하는 것으로 입증되었다."(「정신분석학 소론」 1924, p.178)

프로이트는 정신의 역동적 과정을 해명하기 위해 최면 외에 다른 방법 예컨대 압박법을 이용하기도 한다. 압박법은 특별한 기술이 아니라 환자의 이마를 누르면서 어떤 생각이 솟구쳐 나오도록 유도하는 일종의 기교이다. 압박은 최면이 잘 통하지 않거나 증상이 심하지 않은 모든 사람에게 적용할 수 있는 방법으로 프로이트는 마치 최면의 보조수단처럼 압박을 이용하다가 점차 암시 자체에 집중하게 된다. 압박법은 환자 자신이 자기 병의 원인이나 갈등에 대해 '알고 있음'을 전제하면서 환자가 능동적으로 자기 얘기를 하도록 유도하는 방법이다.(「나의 이력서」, 『정신분석학 개요』 1940, 227쪽) 실제 치료 경험을 쌓으면서 굳이 최면이 아니더라도 무질서하게 보이는 환자의 말을 출발점으로 삼으면 얼마든지 억압된 기억의 실마리를 찾을 수 있다는 사실을 발견한다. 그런 과정을 거치면서 결국 '자유연상'에 도달한다. 최면이나 압박법이 아니라 환자를 편하게 소파에 눕힌 후 자신은 옆에서 간섭하지 않고 환자에게 자유롭게 머릿속에 떠오르는 말을 해 보라고 한다. 이때 환자는 자신의 증상을 느끼는데, 분석을 통해 이를 직면하게 하는 것이 정신분석 치료의 원리임을 분명히 한 것이다.

정신분석의 핵심 기법인 '자유연상free association', 즉 환자 스스로가 무의식의 단서를 말하면서 억압된 갈등의 핵과 증상의 연관성을 함께 찾는 정신분석적 치료법이 탄생하는 순간이다. 프로이트의 가정은 이러하다. 자아와 조화되지 못하는 어떤 관념이 자아에 거부의 힘을 불러일으킨다. 이 기억은 의식에서 밀려나지만, 흔적처럼 남고 환자는 이 흔적을 불러일으킬 때 저항한다. 그러나 저항하는 힘자체가 실은 억압된 것과 같은 원천을 가지기에 치료의 실마리가될 수 있다. 그러므로 자유연상을 통해 기억하기 싫은 관념들의 연쇄 고리를 찾아내면서 이를 직면하여 극복할 수 있게 하는 방법이더 효과적이다.

런던 프로이트 박물관에 가면 프로이트가 사용하던 카우치couch를 지금도 볼 수 있다.

이 카우치는 정신분석의 임상이 지향하는 원리를 아주 잘 보여준다. 보통 심리 상담이나 정신과 진료는 얼굴을 서로 마주 보면서 진행한다. 심리 상담의 경우 분석가와 내담자의 상담 속에서 관찰이가능한 표정이나 신체 반응, 행동, 대화 내용이 중요하고, 정신의학

프로이트가 사용하던 실물 카우치

에서는 겉으로 드러나는 증상 확인과 범주화를 위해 문답지나 질문을 많이 활용하기 때문이다. 둘 다 내담자 혹은 환자를 어느 정도 대상화하면서 임상의 주도권은 분석가에게 있다. 그런데 정신분석의 임상은 카우치가 보여주는 것처럼 피분석자가 편하게 누워 머리에 떠오르는 생각을 자유롭게 말하는 것이 특징이다. 의식적이고 정제된 기술이나 증상이 아니라, 억압되어 있고 드러내기를 꺼리는 무의식적 표상과 감정을 끌어내는 것이 아주 중요하기 때문이다.

피분석가가 분석가에 저항하거나 '분석가를' 지나치게 의식하지 않도록 분석가는 피분석가의 머리맡에 위치한다. 피분석가는 자기의 눈에 분석가가 보이지 않으므로 무장 해제되어 자연스럽게 무의식적 단서들을 표출한다. 물론 분석가는 듣기만 하는 게 아니라 질문하고 개입도 하지만, 기본원리는 피분석가가 제약 없이 이것저것 말하는 것으로부터 무의식의 비밀을 풀어나가는 것이다.

정신분석은 의식이나 증상보다 무의식을 겨냥하기 때문에 무심코 내뱉는 말, 부정, 침묵, 망각, 실수들에서 단서를 찾는다. 카우치는 이를 위한 도구다. 최면 치료의 선도 역할을 했던 파리의 신경 정신의학은 결국 정신의학의 영역에 안주했다. 그러나 프로이트는 최면 치료를 넘어 자유연상을 통해 무의식을 끌어내며 심리적 갈등과 인간 마음의 구조를 새롭게 연구하는 정신분석학을 개척한다. 프로이트는 기존의 관행이나 전통적 시각에 매이지 않고 늘 새로운 것을 시도했으며, 임상 경험의 과정에서 문제가 생기면 과감하게 입장을 수정하는 용기가 있었다.

프로이트의 망명을 도운 사람들

프랑스 파리는 프로이트가 런던으로 망명하러 가기 전 들른 곳이다. 프로이트는 끝까지 빈을 떠나지 않으려 했고 빈에서 삶을 끝내고 싶어 했다. 빈을 사랑해서라기보다는 자신이 일군 모든 지적, 물질적 유산이 빈에 있었고, 빈을 떠나는 것은 정신분석의 둥지를 바꾸는 것 이상의 의미를 지닌다고 생각했기 때문이다. 하지만 그의 딸 안나 프로이트가 게슈타포에 연행되어 조사를 받고 풀려나자 박해의 칼이 턱밑까지 왔음을 깨닫고 떠나기로 한다. 구강암으로 몸도 많이 상했고, 나이도 80이 넘어 죽음을 직감한 노인이 평생을 살아온 빈을 떠나려는 결심이 쉽지 않았을 것이다. 빈에서는 늘 이방인처럼 소외당하고, 빈 사람들을 때려주고 싶다고 격한 분노의 감정을 토로하기도 했지만[4] 막상 빈을 떠나면 다시는 이 땅을 밟을 수 없다는 작별의 예감도 뇌리를 스쳤을 것이다. 하지만 나치의 탄압이 이제는 프로이트의 생명마저 위협했기 때문에 서둘러 빈을 떠나야 했다. 그러나 정작 망명하려고 하자 나치 정부는 거액의 망명세를 프로이트 가족에게 부과했다. 조국을 등지는 유대인들은 그것에 대해 보상을 해야 한다는 것이었다. 프로이트는 오늘날 돈으로 약 150,000파운드, 즉 3억 정도를 지급해야 했다. 이 위기의 순간, 격정스러운 마음에 빈에 와서 그의 가족을 돌봐주던 프랑스인 공주 마리 보나파르트가 자금을 대주었고, 덕분에 프로이트 가족은 가까스로 허가를 받을 수 있었다. 불행히도 프로이트의 네 명의 여동생은 함께 탈출할 수 없었고 수용소에서 사망한다.

프로이트의 생명이 위협을 받았을 때 파리 제자들을 포함해 여러 사람이 프로이트의 망명을 도왔다. 영국의 정신분석학자 어니스트 존스는 물론, 당시 미국대사였던 윌리엄 블릿William Bullitt, 1891-1967이 외교적으로 여러 가지를 지원했다. 블릿은 프로이트에게 직접 우울증 문제로 분석을 받기도 했으며, 불어에도 능통해 프랑스인들

---

4   프로이트는 미국에서 돌아온 직후 융에게 편지(1909년 10월 17일)를 쓰면서 "빈 사람들에게 가끔 무척 화가 난다. 그래서 그들을 뒤로 돌려 일렬로 세워놓고 막대기로 엉덩이를 때려주고 싶다."라고 썼다. 빈에 대한 프로이트의 솔직한 감정을 엿볼 수 있다. 그런데 재미난 것은 편지에서 '그들'(ihnen)이라고 써야 할 곳에 '당신'(Ihnen)이라고 쓰는 바람에 엉덩이를 맞아야 할 사람이 융이라고 암시했다는 사실이다(피터 409). 말실수를 통해 융에 대해 섭섭함도 드러낸 것이다.

의 사랑을 많이 받은 대사였다. 미국대사인 블릿이 나치 독일에 외교적 압력을 행사했기에 프로이트 가족이 무사히 출국할 수 있었다. 그러나 누구보다 망명에 힘을 쓴 이들은 프랑스 제자들, 특히 마리 보나파르트Marie Bonaparte 1882-1962다. 그녀는 프로이트에게 정신분석을 받은 이후 프랑스에 프로이트 사상이 도입되는 데 큰 역할을 했을 뿐 아니라 프로이트의 망명을 위해서도 재정적 후원을 아끼지 않은 든든한 조력자였다. 그녀는 1937년 1월 초 베를린의 서적상 슈탈에게서 프로이트가 플리스에게 보낸 편지를 구입해 보관하다 나중에 이를 책으로 내서 정신분석 역사 연구에 기여하기도 했다. 마리 보나파르트는 프로이트의 저작을 불어로 번역했을 뿐 아니라 프랑스 정신분석학회Société Psychanalytique de Paris 창립에 기여했다. 그녀는 단순히 프로이트의 후견인이 아니라 프랑스 정신분석의 역사에 큰 발자국을 남긴 인물이다.

프로이트가 탄 기차는 1938년 6월 5일 프랑스 땅으로 들어온다. 이 순간 프로이트는 라인 다리를 건너면서 우리는 자유를 얻었다며 안도했다고 한다. 다음 해 9월에 프랑스와 독일 나치의 전쟁이 시작되었고 1940년 5월에 독일이 반격에 나서 프랑스를 침공했다. 프랑스는 아직 나치의 손길 밖에 있었다. 파리에 도착한 프로이트를 미국의 대사, 그리고 마리 보나파르트를 비롯한 프랑스의 제자들이 따뜻하게 맞았다. 프로이트는 마리 보나파르트의 집에서 몇몇 프랑스 정신분석가들을 만난 후 다음 날 6월 5일 저녁 런던으로 망명길을 떠난다.

정신분석 도입이 가장 늦었던 반골의 나라 프랑스

사실 정신분석 도입이 유럽에서 가장 늦은 나라가 인접국 프랑스였다. 이것은 특별히 프랑스의 지적 전통이나 의학 발달이 뒤떨어졌기 때문이 아니라 다른 나라보다 정신분석에 대한 거부감이 컸고, 특히 게르만 문화에 대한 반골 정서가 심했기 때문이다. 그리고 전통적으로 가톨릭 문화가 강한 프랑스는 다른 어느 나라보다도 종교적 색채가 강하고, 보수적이었기 때문에 성욕이 모든 인간 활동과 문화의 원천이라는 정신분석의 성 이론에 대한 반감이 컸다.

지금이야 어느 나라보다 다양한 정신분석 학파가 많지만, 프랑스는 여전히 독일, 영국, 미국과 비교하면 차별성이 있는 지적 전통과 관습을 유지하는 나라다. 단적으로 국제정신분석연합IPA과 긴장 관계를 유지하면서 고유한 이론과 임상적 실천 방식을 유지하는 독립성 강한 학회가 많다.

이것은 프랑스 정신분석을 직접 수입한 1세대 선구자들이 아니라 특히 자크 라캉Jacques Lacan, 1901-1981을 위시한 2~3세대 정신분석가들이 인문학적 기반에서 정신분석이론을 새롭게 개념화하면서 정착시킨 역사와도 관련이 있다. 같은 중부유럽에 속하는 이웃이지만 프랑스, 그리고 독일은 역사만큼이나 민족적 기질이나 문화가 사뭇 다르다. 프랑스는 도덕주의 정서가 여전히 힘을 발휘하면서도 동시에 가톨릭적 관습과 가치를 유지하는 라틴 문화권이 공존한다. 중앙 집중 정치체제를 유지하면서도 인문주의 전통과 진보적 성향이 상대적으로 강하다.

반면 독일은 오랫동안 지방분권적 체제 속에서 로마 교황청의 간섭에서 비교적 자유롭게 형성된 개신교 전통이 훨씬 강하고, 보수적이고 분권적인 정치체제를 지향한다. 그러면서도 성 문제 등에서는 훨씬 개방적이다. 프랑스 유학 중 가까운 독일 여행을 자주 했는데 공중파에서 출연자들이 속옷 차림으로 게임을 하는 등 노출 장면이 많아서 놀라기도 했다. 프랑스에서는 오히려 철저하게 유료 채널에서만 성적 콘텐츠를 운영하는 등 실질적인 제약이 많았기 때문이다. 매춘이 불법인 프랑스와 달리 섹스숍이나 이른바 사창가 등도 공식적으로 허용한 것이 독일이다. 프랑스와 독일의 성에 관한 각각의 태도를 보여준다고 할 수 있다.

프랑스는 자유와 평등을 기치로 앙시앙 레짐(성직자와 귀족 중심의 구체제)을 혁파하고, 이후 수차례 왕정과 공화제를 오가며 내전 등 정치적 혼란을 겪었다. 프랑스 대혁명은 프랑스인들의 길들여지지 않는 기질을 드러낸다. 반면, 무력에 의한 독일 통일을 지향한 프로이센 국가주의(소독일주의)와 나치즘(대독일주의), 그리고 정치적 몰락 속에서도 그 대안으로 신학적 전통과 결합한 관념론 철학의 꽃을 피운 독일 관념론은 훨씬 사변적이고 집단적인 게르만적 특징을 잘 드러낸다.

학문에서도 프랑스가 실증성에 기반한 유물론 전통, 그리고 문학, 예술, 철학을 접목해 구체적으로 인간의 삶과 사회에 개입하는 이론을 다루는 휴머니즘이 강하다면, 독일은 헤겔이나 칸트가 대표하듯 관념론적 전통, 그리고 신학과 접목 속에서 초월적 정신주의를 지향한다.

역사가 쥘 미슐레는 『프랑스 혁명사』에서 "영국은 제국이다. 독일은 나라이고 인종이다. 프랑스는 한 인간이다. 그의 개성과 다양성, 통일성은 프랑스를 생명을 영위하는 존재들의 여러 등급 중 가장 높은 단계에 이르게 했다."라고 말했다. 차이점을 잘 요약한 글이다. 이런 특징 차이는 정신분석 수용의 역사에도 그대로 반영된다.

실제로 프랑스는 유럽 다른 나라보다 프로이트 사상을 늦게 수용했다. 정신분석이 범성론이라는 거부감이 특히 심했기 때문이다. 실제로 프랑스는 지금도 세속주의 문화 못지않게 가톨릭적 가치관이 여전히 일상적 삶에 은연중 영향을 끼치고 있다. 성당 첨탑에서 볼 수 있는 '수탉'은 프랑스의 상징으로 널리 알려져 있다. 성경에 따르면 예수의 수제자 베드로가 예수를 부인하고 수탉이 세 번 울자 그는 회개한다. 이때부터 수탉은 깨달음과 양심을 일깨우는 상징이 되었다. 프랑스 축구 국가대표팀 '레 블루Les Bleus' 푸른 유니폼에는 수탉이 새겨져 있다. 물론 이에 대한 다른 이론도 있지만, 종교적 일화와 국가 상징이 연관될 만큼 프랑스의 가톨릭 정서는 여전히 강하다. 이런 전통의 종교적 분위기와 문화적 국수주의 속에서 당시 프랑스의 지식인들이나 의학자들의 정신분석에 대한 배타적 태도는 어쩌면 당연했다고 할 수 있다.

한편 과거 프랑스 의사들은 늘 독일에 대한 경쟁심과 우월의식도 강했다. 정신분석이 다른 나라로 퍼져나가는 동안 이를 애써 무시했다. 결국 정신질환 진단과 심리적 원인 분석에 정신분석학이 유용하다는 생각이 퍼지면서 정신의학자들에 의해 정신분석이 수용된다. 이와 달리 당시 프랑스 문학가, 예술가, 철학가들은 프로이트

의 이론을 인문학적 맥락으로 수용하면서 무의식과 욕망의 보편성
이 예술 같은 영역에 미치는 다양한 영향에 주목(엘리자베스 1, 50쪽)
하고 정신분석에 매료된다.

프랑스 상징인 수탉이 새겨진 레 블루 유니폼

새로운 만남과 적

die Welt

찬란한 고립

프로이트는 1900년 『꿈의 해석』을 세상에 내놓으면서 이 책이 20세기를 여는 사상적 이정표가 되리라 생각했다. 하지만 세상의 반응은 참담했고, 프로이트는 꿈과 성 이론 때문에 철저하게 학계로부터 고립되었다. 이때의 심정을 프로이트는 다음과 같이 말한다.

"브로이어와 결별하고 난 뒤로 거의 10년 동안 내게는 제자가 단 한 명도 없었다. 나는 완전히 고립되어 있었다. 빈 사람들은 나를 꺼렸고, 외국인들은 나를 알지 못했다. 1900년에 출판된 『꿈의 해석』은 몇몇 정신의학 잡지에서 약간 언급되었을 뿐이었다."
(「나의 이력서」 1925, p.250)

세상은 프로이트의 대담한 주장인 무의식의 과학이 가능하다는 통찰에 냉담했다. 프로이트는 좌절이나 후퇴 대신 '찬란한 고립'[1]을 택하면서 누구도 가지 않은 길을 택했다. 시작은 혼자였지만 차츰 그 이론이 지닌 학문적, 실천적 의미를 알아본 동료들이 모여들었다. 동료들과 함께 연구하면서 정신분석학 이론과 임상 기법이 조금씩 구체화 될 수 있었다. 1907년 융이 프로이트에게 찾아오기 전 프로이트 주위에 모여들던 인물들은 유대인들이었다. 이는 당시 빈의 상황과 관계가 있다. 빈에서는 다른 유럽 도시보다 상대적으로 유대인의 법적 지위가 높았다. 또 빈은 유대인들의 전문 직업이나 공직 진출이 가능했기 때문에 동유럽 등에서 많은 유대인 이민자들이 빈으로 모여들었다. 1880년에 빈 인구의 약 10퍼센트가 유대인이었다고 한다. 상업이나 금융업에 종사하기도 했으나 전통적으로 교육열이 높은 유대인들은 변호사나 의사가 되는 길을 선택했다. 지적 엘리트였던 유대인 의사들은 비주류였던 정신분석에 가장 먼저 공감했고 이 새로운 학문의 중요성을 인식했다. 하지만 이들 역시 빈의 주류 사회에서는 소외되던 사람들이었다.

프로이트가 정신분석학을 창시하는 과정을 살펴보면 두 가지 결정적 장면을 찾을 수 있다. 첫 번째는 파리 유학에서 샤르코를 만나 히스테리에 대해 새로운 관점을 배우게 된 것이며, 두 번째는 14년간 이어진 빌헬름 플리스Wilhelm Fliess, 1858-1928와 서신교환, 그리고 그것을 이어받은 수요심리학회Wednesday Psychological Society라는 초기 정

---

1 1900년 5월 7일 플리스에게 쓴 편지에서 "splendid isolation"이라는 영어 표현을 여러 번 사용했다.

신분석 모임이다.

정신분석이라는 전인미답의 길에 프로이트가 들어선 계기가 '히스테리'라면, 그 길에서 그와 함께 정신분석 왕국을 같이 건설한 사람들이 빈의 유대인 지식인들이다. 이들 중에서는 친구(동료)만 있었던 것이 아니다. 적도 있었다. 프로이트는 새로운 사상이 나오기 위한 토양으로 이런 양가 관계의 필요성을 『꿈의 해석』에서 말하기도 한다. 모든 종교나 새로운 사상은 그 창시자보다는 그것을 계승하고 전승한 제자나 후대의 도움으로 체계를 갖추고 인정을 받는 경우가 많다. 처음부터 완결된 형태로 제시되는 사상이나 제도는 없다. 불교나 기독교 같은 거대 종교도 마찬가지다. '적'들의 논쟁과 공격은 오히려 사상 형성의 단단한 토대가 되었다. 인간의 정신병리를 무의식에 근거해 연구하는 정신분석은 논쟁과 갈등, 그리고 이에 대항하는 과정에서 혁신을 거치면서 점점 세련된 이론적 형태를 갖추어 갔다.

최초의 분석가 플리스

정신분석학은 일차적으로 프로이트의 천재성, 끊임없는 지적 호기심과 대담한 창조력, 암 발병과 그에 따른 여러 차례의 수술에도 불구하고 진료와 연구를 계속한 성실성과 지치지 않는 체력 덕분에 가능했다. 그러나 그 뒤에는 그의 발견에 공감하고 때로는 비판하며 학문적 토대를 다진 사람들의 역할이 있었다. 1886년 프로이트가 빈에 개인 진료소를 열고 한참 히스테리 환자에 대한 치료와 연구에 몰두하던 시절 만난 빌헬름 플리스Whilhelm Fliess, 1858-1928는 그의 첫 번째 멘토다. 그는 빈 의사협회가 별종처럼 취급하고 외면하던 프로이트를 지지하며, 초기 사상 형성에서 핵심 파트너 역할을 한다. 프로이트는 플리스를 "또 다른 자신"이라고 부르면서 의지하기도 했다. 프로이트는 당대의 대단한 학자가 아니었던 플리스에게 광기 어린 집착을 보였다. 이를 두고 일부 호사가들은 둘의 관계를 동성애적으로 해석하기도 한다. 그러나 그보다는 플리스가 훌륭한 조력자이자 스승, 독자의 역할을 완벽히 해냈기 때문으로 보는 것이 타당하다. 플리스는 정신분석 창시 과정에서 아직 생경했던 학문적 구상을 경청했고, 프로이트가 무의식 탐구에 몰두할 수 있도록 도왔다. 실제 프로이트는 광기 뒤에는 무언가 진실이 있다는 것을 플리스에게 배웠다고(1896년 6월 30일 플리스에게 보낸 편지) 고백하기도 했다.

플리스가 프로이트의 글을 읽고 던진 엉뚱한 질문과 반응은 프로이트에게 새로운 영감을 주었다. 예컨대 플리스는 신경증과 성의 관계에 대해 질문했고, 심리적 갈등과 신체적 반응이 상호 작용한다고 주장했다. 플리스는 정신분석을 창시하며 찬란한 고립을 택한 프로이트 곁에서 그의 고민을 들어주는 최초 분석가이자 조력가였다. 플리스는 이를 전혀 의도하지 않았지만 말이다. 둘의 관계는 상처를 남기며 안 좋게 끝났지만, 아마 플리스가 없었다면 정신분석의 탄생이 더 지체되었거나 불가능했을 수도 있다. 특히 플리스가 프로이트의 자기 분석에서 거울 역할을 해주면서 결과적으로

프로이트와 플리스

아헨제 호수

프로이트가 분석의 치료적 효과를 체험할 수 있게 해주어 정신건강에 큰 도움을 준다. 프로이트는 17년 동안 플리스와 교류하면서 300통 정도의 편지를 보냈다. 그리고 플리스가 죽은 후 프로이트의 편지는 플리스의 부인이 보관했다가 프로이트의 제자인 마리 보나파르트에게 넘어간다. 프로이트는 뒤늦게 이를 알고 사적인 비밀이 담긴 편지를 불태우라고 지시했지만, 그녀는 이를 거절하고 책으로 발간했다. 프로이트의 서신을 모은 최초의 공식 판본은 1950년 「Freud and Fliess: The Letters 1887-1904」라는 제목으로 출간되었다. 1902년 프로이트가 플리스와 결별한 이후 그 빈자리를 대신한 것은 제자들이었다.

정신분석 운동의 요람 수요심리학회

오스트리아 빈 베르크가세Berggasse 19번지. 프로이트가 사는 집이자 진료실이 있는 이곳에서 1902년 10월부터 매주 수요일마다 정기 학술모임이 개최된다. 빌헬름 슈테겔Wilhelm Stekel, 1868-1940, 알프레드 아들러Alfred Adler, 1870-1937, 막스 카하네Max Kahane, 1866-1923, 루돌프 라이틀러Rudolf Reitler, 1865-1917. 수요심리학회의 최초 구성원은 이렇게 의사 다섯 명이었다. 1907년부터는 아이팅곤Max Eitingon, 1881-1943, 칼 아브라함Karl Abraham, 1877-1925, 부다페스트의 페렌치Sandor Ferenczi, 1873-1933 등이 프로이트를 찾아와 정신분석의 왕국을 건설하는 대장정에 합류한다. 여전히 빈 의학계 주류는 정신분석학을 오해하거나

BOOK21

경제경영-인문

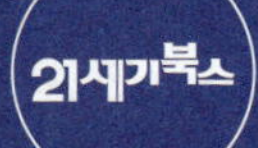

21세기북스는 급변하는 시대의 흐름 속에서 독자의 요구를 먼저 읽어내는 예리한 시각으로 〈칭찬은 고래도 춤추게 한다〉, 〈설득의 심리학〉 등 밀리언셀러를 출간하며 경제 경영 자기계발 분야의 독보적인 브랜드로서 자리매김했습니다.

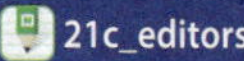

북이십일의 문학 브랜드 아르테는 세계와 호흡하며 세계의 우수한 작가들을 만납니다. 국내에 소개되지 않은 혹은 잊혀서는 안 되는 작품들에, 새로운 가치를 담아 재창조하여 '깊고 아름다운 책'을 만들고자 합니다.

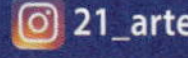

원 페이지 인문학

하루 5분이면 충분한 실천 인문학

김익한 지음 │ 값 19,900원

하루 한 장의 생각으로 단단해지는 내일 '아는 것'이 아니라 '사는 것'을 제안하는 365일 실천 인문학 하루 한 페이지, 5분이면 충분한 성장의 시간!

김형석, 백 년의 유산

106세 철학자가 길어 올린 최후의 인간학

김형석 지음 │ 값 22,000원

"백 년의 사유가 담긴 우리 시대 마지막 유산"
기네스 공식 인증, 현존 인류 최고령 저자
김형석 교수가 전하는 '만년(萬年)의 교양'

법의학자 유성호의 유언 노트

후회 없는 삶을 위한 지침서

유성호 지음 │ 값 19,900원

"죽음을 떠올릴 때 삶은 더 선명해진다"
매주 죽음을 만나는 서울대 유성호 교수가 일 년에 한 번 '유언'을 쓰며 발견한 인생의 진정한 가치와 의미, 어떻게 살아가야 할 것인가에 관한 고민과 성찰!

Philos 038

신을 찾는 뇌

종교는 어떻게 진화했는가

로빈 던바 지음 │ 구형찬 옮김 │ 값 30,000원

'던바의 수' '사회적 뇌' 사회성 연구의 대가 로빈 던바,
종교에 대한 과학적 연구 20년의 결정판
다학제간연구로 종교의 기원과 진화 목적을 밝히다

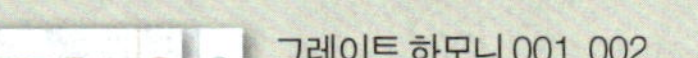

그레이트 하모니 001, 002

아우구스투스, 알렉산드로스

리더를 위한 정치와 사상의 교양

에이드리언 골즈워디, 필립 프리먼 지음 │ 각권 55,000원, 39,800원

혼돈의 시대, 리더십의 본질을 되묻다
세상을 바꾼 두 제국의 리더

설득자

부, 성공, 행복이 따르는 설득 비법

정흥수 지음 │ 값 22,000원

"듣게 하고, 믿게 하고, 움직이게 하라!"
인간관계부터 리더십·협상·사업까지,
사람의 마음을 움직이는 실전 설득법

80/20 법칙 · 80/20 법칙(행동편)

적은 노력으로 크게 성취하는 불변의 진리

리처드 코치 지음 │ 각권 24,000원

"사소한 것에 매달리지 마라, 모든 것을 결정 짓는 20%에 몰두하라"
당신의 일상을 완전히 바꾸어 줄 간단한 효율의 과학
최소 노력으로 최대 성과를 내는 똑똑한 일상 설계법

직감의 힘

촉은 거짓말을 하지 않는다

로라 후앙 지음 │ 값 19,900원

"성공한 리더들은 왜 직감을 단련하는가?"
조직행동학 권위자가 수천 명의 리더 인터뷰로 밝혀낸
무의식의 신호를 포착해 더 빠르고 좋은 결정을 내리는 법

관계가 술술 풀리는 감정 치트키

흔들리는 연애·일·우정을 단단하게 리셋하는 감정관리술

비치키 지음 │ 값 16,900원

"감정 하나 바꿨을 뿐인데 인생이 편해졌다!"
감정의 혼란을 통찰로, 관계의 피로를 회복으로 바꾸는
누적 1억 뷰 심리 채널 비치키의 첫 감정 매뉴얼

기획의 감각

국내 1세대 A&R 프로듀서 정병기가 써내려간 기획의 세계

정병기(Jaden Jeong) 지음 │ 값 18,900원

"남들이 미쳤다고 말할 때 기획은 완성된다!"
원더걸스에서 2PM, 러블리즈, 이달의 소녀, tripleS까지
K-POP 업계를 뒤바꾼 기획자의 시선, 그 혁신적 감각에 대하여

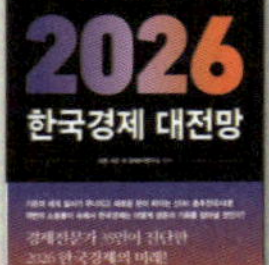

2026 한국경제 대전망
2026 ECONOMIC ISSUES & TRENDS

오철·이근 외 경제추격연구소 지음 | 값 24,000원

"경제전문가 35인이 진단한 2026 한국경제의 미래!"
기존 질서가 무너지고 새로운 판이 짜이는 신 춘추전국시대! 경제 대전환의
시기에 꼭 읽어야 할 대한민국 최고 경제전문가 35인의 미래 인사이트

정서적 연봉

월급쟁이에게 돈보다 중요한 것

신재용 지음 | 값 22,000원

"인재가 구글에 가는 건 못 막더라도
경쟁사에 뺏겨서는 안 되지 않겠는가?"
국내 최초, 조직문화에 값을 매기다.
일 잘하는 직원을 잡으려면 감정 급여를 챙겨라!

Philos 040

자유의 길

경제학은 어떻게 좋은 사회를 만들 수 있는가

조지프 스티글리츠 지음 | 이강국 옮김 | 값 34,000원

자칭 '자유의 수호자'들은 어떻게 자유를 억압해 왔는가?
오늘날 가장 오남용되는 문제적 개념, 노벨상 수상 경제학자의 눈으로 바라
본 자유

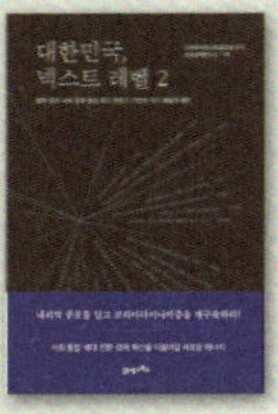

대한민국, 넥스트 레벨 2

철학·정치·사회·경제·통섭 최고 전문가 17인의
국가 재설계 제안

코리아다이나미즘포럼 편저 | 값 28,000원

"분열의 시대에 다시 함께 사는 법을 묻다!"
한국 사회 대전환의 5대 실천 코드 새롭게 일어설 대한민국을 위한 전문가
17인의 제언

초연결 지구에서 무역하라

무역은 사라지고, 연결만 남는다

양송이·최건식 지음 | 값 17,000원

"이 시대 수출은 '보내는 것'이 아니라 '보이게 하는 것'!"
수출에 대한 고정관념에서 탈피하고 전통적 수출 방식에서 벗어나
디지털 생태계 속 새로운 무역의 길을 제시한다.

수요심리학회 회원들(앞줄 왼쪽 첫 번째 프로이트)

유사 과학으로 치부하며 외면했지만, 빈과 유럽의 지식인들이 조금씩 무의식의 과학을 수용하면서 영역을 넓혀간다.

프로이트 집에서 학술 동아리처럼 시작된 정신분석 운동은 새로운 국면에 접어든다. 다양한 국가에서 그를 따르기 위해 제자들이 모여들었고, 소규모였던 수요심리학회는 국제기구로 탈바꿈하며 성장해 나간다. 1908년 4월 빈에서는 빈 정신분석협회가 설립되고, 같은 해 잘츠부르크에서 최초로 국제정신분석학회가 열린다. 이 모임은 1910년 국제정신분석연합IPA 창립으로 이어지면서 정신분석 국제화의 공식 출발점이 된다. 모임뿐 아니라 학회의 연구 성과를 축적하고 전파할 학회지, 기관지, 다양한 출판물도 만들어진다. 1909년 블로일러와 프로이트가 지도하고 융이 편집한 『정신분석과 정신병리학 연구 연보Jahrbuch für psychoanalytische und psychopathologische

Forschungen』이 발행된다. 수요심리학회가 점점 확장되면서 오늘날 국제정신분석연합IPA, International Psychoanalytical Association으로 성장한 것이다.

정신분석 이전에 꿈의 과학이 있었다. 꿈을 통해 무의식의 비밀을 탐구한다는 시도는 그 자체로 대담했다. 프로이트는 꿈에서 출발해 심리 현상을 다루는 완전히 새로운 학문을 만들려고 했다. 이 과정 자체가 무수한 시행착오와 이론적·실천적 검증이 필요했기 때문에, 반복적인 집단지성에 의한 검증과 보완이 필수였다. 우연하게도 당시 빈에 있던 몇몇 유대인 의사들은 누구보다 먼저 프로이트의 발견에 큰 관심을 보였다. 수요심리학회가 지속될수록 모임의 규모는 점점 커져갔다. 이에 대해 프로이트는 다음과 같이 묘사한다.

"작은 동아리는 곧 확장되었고, 그 후 몇 년 지나지 않아 그 구성은 바뀌었다. 대체로 나는 그 모임이 사람들이 생각하는 어떤 임상 강의자 진영보다 재능의 풍부함과 다양함에서 못하지 않다고 자부할 수 있었다." (「정신분석 운동의 역사」 1914, p.72-73)

초기 수요모임은 의사들 중심으로 진행되었으나 나중에는 루 안드레아스 살로메Lou Andreas-Salomé, 1861-1937 같은 사상가와 문인도 합류하면서 외연이 넓어지고 정신분석 이론도 풍부해진다. 수요심리학회는 정신분석의 실질적 요람이었다. 프로이트가 유명한 '쥐 인간' 사례를 처음 발표한 곳도 바로 이곳이었다. 프로이트는 1908년

쥐 인간 사례

강박적 자살 충동과 자기 비난, 그리고 죽은 아버지와 애인 항문으로 쥐가 파고드는 고문 환상 때문에 고통을 겪으며 프로이트를 찾아온 청년. 프로이트가 가장 좋아한 사례. 쥐 인간은 어렸을 적 겪었던 성적 억압 때문에, 한편으로 아버지를 무서워하면서도 적대시하는 전형적인 양가감정(오이디푸스 콤플렉스)과 이로 인한 죄책감 때문에 사랑하는 여자와의 결혼도 망설이는 모습을 보였다.

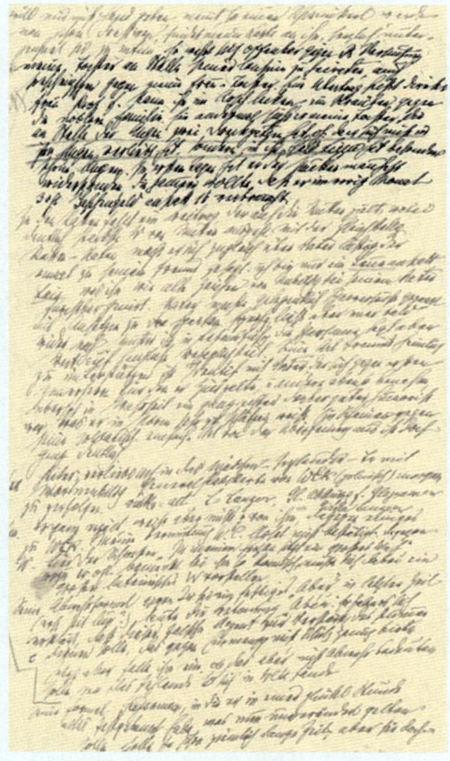

지그문트 프로이트 〈쥐 인간 상담〉 자필 기록, 1909

10월 30일 수요심리학회에서 쥐 인간 사례에 대해 무려 5시간이나 발표했다. 여담이지만 프로이트가 가장 좋아하고 성공적이라고 생각한 사례가 '쥐 인간' 사례였다.

수요심리학회와 초기 정신분석 운동에 참여한 구성원들은 단지 프로이트의 충실한 제자 역할만 한 것이 아니라 정신분석 이론 수정에도 기여하며 스승에게 영향을 미쳤다. 예를 들어 헝가리의 동료이자 초기 제자였던 산도르 페렌치는 이때 경험을 통해 1909년 「내사와 전이」를 집필해 이름을 알렸다. 프로이트 역시 그에게 사상적 빚을 졌다고 고백한다. 페렌치는 책에서 환자의 부정적 전이를 치료하기 위해 신체접촉을 포함한 적극적 상호작용이 필요하다고 주장해 프로이트로부터 윤리적 경계를 넘었다는 비판을 받기도 했다. 그러나 페렌치가 개념화한 상호 이해와 공감의 분석원리에 기반한 '공감적 치료empathic therapy'는 오늘날 정신분석가들이 적극적으로 채택하면서 정신분석의 유용성을 배가시키고 있다.

비록 초기 수요심리학회를 함께한 사람들과의 학문적 유대와 우정은 대부분 끝까지 지속되지 않았다. 많은 경우 냉담함과 때로는 상처뿐인 결말이었지만, 이들과 나눈 활발한 토론과 연구는 신생 학문인 정신분석을 실체화하고 기반을 다지는 데 자양분이 되었다. 프로이트가 정신분석의 창시자였지만 제자와 동료들의 참여와 비판적 작업이 병행되면서 끊임없이 영감을 구체화할 수 있었기에 정신분석학이 세상에 나올 수 있었다.

신비주의자 칼 융

1907년 스위스의 정신과 의사 칼 융Carl Gustav Jung, 1875-1961이 빈으로 찾아와 프로이트 진영에 합류한다. 칼 융은 당시 스위스 취리히에 있는 부르크휠츨리Burghölzli 정신병원의 유명한 정신의학자 오이겐 블로일러Paul Eugen Bleuler, 1857-1939의 동료이자 후배였다. 블로일러는 심층심리학, 자폐autism, 양가감정ambivalence 등 용어를 탄생시켰으며, 정신분열증 연구에서 상당한 국제적 권위가 있었다. 1907년 빈에서 처음 만난 프로이트와 융은 강렬하게 서로에게 매료되어 무려 13시간 동안 이야기를 나누었다고 한다. 천재성으로 번뜩이는 두 지성이 대화에 흠뻑 빠져들어 10시간이 넘도록 쉬지 않고 열띤 토론을 벌이는 영화 같은 장면을 상상해 보라.

융의 합류는 고민이 많았던 프로이트에게 천군만마와 같은 힘이 된다. 수요심리학회는 빈의 유대인 모임이라는 태생적 한계를 안고 있었다. 히스테리에 대한 프로이트의 이론은 과학적으로 검증할 수 없었고, 꿈과 말실수 같은 일상적 현상에 너무 큰 의미를 부여하는 사이비 과학이라는 빈 의학계의 비난에 시달리고 있었다. 비유대인이었던 융은 개신교 목사의 아들이고 스위스 정신과 전문의로 블로일러 못지않게 전문성을 인정받고 있었다. 지적 영민함과 국제적 명성까지 모든 것을 다 갖춘 융은 프로이트에게 이상적 동료이자 신뢰할 수 있는 지지자 같았다. 융이 자신에게 온 것에 감격한 프로이트는 제자 칼 아브라함에게 다음과 같이 얘기했다고 한다.

"그의 등장으로 정신분석은 유대인의 관심사가 될 수 있는 위험

에서 벗어날 수 있었다. […] 우리의 아리아계 동료는 없어서는 안
될 사람이다.”

융에게 반한 프로이트는 초기부터 자신과 함께 한 아들러를 뒤
로 하고, 융을 “명백한 아들이며 후계자”(장-미셸 키노도즈, 127)라 부
르며 새로운 황태자로 점찍는다. 융이 단번에 후계자가 될 수 있었
던 것은 뛰어난 사상적 깊이로 도움을 준 것도 있었지만, 아리아 혈
통으로 프로이트 이론에 국제적 정통성을 보증할 수 있는 사람처럼
보였기 때문이다. 융은 1906년 프로이트가 자연연상을 치료에 실
행할 때 객관적으로 측정할 수 있는 단어 연상법을 개발해 프로이
트를 흡족하게 했다. 융이야말로 프로이트 이론을 더욱 발전시키고
국제화할 수 있는 최적의 적임자로 보였다.

프로이트가 그토록 융에게 빠져든 이유에는 수요심리학회 구성
원들에 대한 불신도 한몫했다. 프로이트는 자신의 동지지만 자신
과 생각이 다른 특정인에 대해서는 편지에서 욕을 하거나 싫어하는
감정을 드러내기도 했다. 일례로 1914년 2월 15일 전후 프로이트
는 어니스트 존스Alfred Ernest Jones, 1879-1958에게 보낸 편지에서 제자 슈
테겔을 “돼지 같은 사람ein Schwein von Mensch”이라고 비난하기도 했다.
아마 슈테겔이 정신분석의 대중화를 주장하면서 때로 자기 편익을
위해 프로이트 연구 성과를 왜곡해서 이용하는 기회주의적 행동을
한다는 생각 때문이었을 것이다. 여하튼 프로이트는 수요심리학회
창설 멤버였던 아들러나 다른 유대인 제자 대신 융을 강력하게 초
대 회장으로 밀며 빈 협회 회원들을 설득하려 했다. 그러나 융은 프
로이트의 그늘에만 머무르기에는 본인만의 사상이 뚜렷하고 지적

야심 또한 컸다. 그는 결국 프로이트를 떠나 분석심리학을 창시하며 독자적인 이론을 구축한다. 분열의 계기는 역설적으로 프로이트 이론이 본격적으로 세계에 알려진 미국 방문에서 시작된다.

미국 방문과 분열의 시작

1909년 10월 프로이트는 미국 매사추세츠 우스터 클라크 대학의 총장 스탠리 홀Granville Stanley Hall, 1844-1924 초청으로 미국을 방문한다. 심리학자로도 큰 권위가 있었던 스탠리 홀은 프로이트에게 명예박사 학위를 제안하면서 정신분석학의 주요 이론을 미국에 소개해주기를 청한다. 이때 융도 같이 초대를 받았는데 프로이트를 수행하기 위해서가 아니라 융 역시 프로이트만큼 독자적인 사상가로 평가되고 있었기 때문이다. 유럽에서 냉대를 받던 프로이트에게 떠오르는 신세계 미국의 초청은 마침내 자신이 국제적으로 인정받을 수 있는 엄청난 기회였다. 그런데 미국으로 가는 여객선에서 프로이트는 융과 토론하다 흥분해서 졸도하게 된다. 선상에서 프로이트와 융은 서로의 꿈 얘기를 분석했는데 융의 꿈 이야기를 들은 프로이트는 아주 부정적인 반응을 보였다.

융의 꿈 이야기

융은 꿈에서 오래된 집을 발견하고, 그곳으로 들어갔다. 그 집에는
지하로 연결되는 계단이 있었다.
계단을 내려가니 해골과 오랜 골동품이 있어 신기하게 생각했다.
융은 이 장면을 원형과 집단무의식적 상징으로 해석하면서 의미를 부여했다.

미국 클라크 대학 1909년 방문 기념 촬영
왼쪽 지그문트 프로이트, 오른쪽 칼 구스타프 융

프로이트는 이 꿈의 의미를 융이 내심 자기가 죽기를 바란다는 식으로 해석하면서 융을 비판했고, 융은 꿈의 상징적이고 초월적 의미를 강조하면서 논쟁이 격화되었다. 사실 논쟁에 감정이 상해서라기보다는 융이 자기 기대를 저버리고 떠날 것 같다는 불길한 예감과 두려움을 융한테 들킬까 불안했던 감정이 프로이트를 졸도시켰다고 봐야 할 것이다.

프로이트의 미국 방문은 놀라운 결과를 가져온다. 미국에서 다섯 차례 진행한 〈정신분석에 대하여〉 강연에 미국의 실용주의 철학자이자 심리학자로 유명한 심리학자 윌리엄 제임스William James, 1842-1910, 신경학자 퍼트남James Jackson Putnam 1846-1918 같은 대가가 참여하면서 미국 지성계에 큰 반향을 일으켰기 때문이다.

윌리엄 제임스는 다음과 같은 편지를 남겼다.

"프로이트와 그 제자들이 그들의 생각을 극한까지 밀어붙여, 우리가 그 생각들이 무엇인지 알 수 있게 해주기를 바란다. …그 생각들은 반드시 인간 본성에 빛을 던져줄 것입니다."

미국에서 프로이트 이론이 새롭고 매혹적인 학문으로 평가되고, 권위 있는 지성들에 의해 창조적 가치가 인정받으면서 정신분석은 이제 괴짜 이론가의 맹목적 신념이 아니라 20세기 새로운 정신 심리 사상으로 받아들여지기 시작한다. 물론 정신분석의 세계화까지는 시간이 더 걸렸지만, 미국 방문은 중요한 분기점이었다. 미국에서 정신분석의 국제화 가능성을 보고 벅찬 마음으로 유럽에 돌아온

프로이트는 정신분석 조직 강화에 박차를 가하지만, 융과의 관계는
점점 균열이 깊어진다. 융이 자신과 결별하려는 여러 징조가 보이
자 프로이트는 더 집요하게 그가 떠나지 못하도록 노력했다. 융도
프로이트에게 "사실 저는 아버지가 어떤 식으로 인정해주시든 고
맙게 잘 받아들입니다."(1911년 7월26일 편지, 피터, 435)라고 쓴 편지
를 보면, 그 역시 관계 회복을 위해 애쓴 것이 보인다. 융은 프로이
트를 존경하고, 그에 대한 우정을 지키고 싶었지만 그러기에는 처
음부터 둘의 사상은 너무 달랐다.

융이 프로이트를 떠난 이유

융과 프로이트가 결별한 이유는 성격적 갈등보다는 정신분석을
바라보는 근본 관점과 목표가 처음부터 너무 달랐기 때문이다. 프
로이트 무의식 이론의 핵심은 억압된 성욕과 심리적 갈등이었다.
이를 잘 인식하고 조정하는 것이 치료의 목표지만 완전한 성숙과
통일은 불가능하다는 부정 심리학에 가까운 입장이다.

반면 융에게 무의식은 아직 '전체적 자기Total Self'에 이르지 못하
고 흩어져 있는 다양한 부분-원형, 아니무스, 아니마, 그림자-일 뿐
이다. 이를 해석하고 잘 통합해 성숙한 개성화에 도달하는 것이 치
료의 목적이다. 프로이트에게 인간은 끊임없이 갈등하고, 불가사의
하며, 성적 충동 때문에 요동치는 존재라면, 융이 보기에 인간은 더
높은 차원의 자아실현과 성숙을 실현해 나갈 수 있는 목적론적 존

재이다. 이러한 차이는 종교를 둘러싼 관점에서도 드러난다. 프로이트가 종교를 환상적 세계관의 하나로 이해하는 반면, 신비주의 성향의 융은 종교에서 구원과 초월을 찾으려고 했다.

『문명 속의 불만』에서 프로이트는 인간이 지닌 본래 불안과 죄의식을 방어하기 위해 종교를 만들었다고 주장한다. 그는 기독교가 일종의 마취제이자 환영이라고 비판한다. 반대로 융에게 기독교의 신화와 교리는 인간의 집단 무의식의 상징화를 반영하는 것이다. 이를 통해 내면의 여러 부정성을 극복할 수 있으며 그 기능을 긍정했다. 프로이트가 억압의 기제로 종교를 봤다면, 융은 기독교가 엄한 도덕주의 한계를 넘어 인간의 심리 갈등을 해결할 수 있다면 자아 통합과 성숙의 유용한 매개물이 될 수 있다고 본 것이다.

성 이론은 두 사람의 대립이 가장 두드러지는 지점이었으며, 타협이 불가능한 주제였다. 프로이트에게 성 충동은 인간의 모든 활동의 원천으로, 유아 시절부터 타고나면서 단계별로 발달하는 것이었다. 융은 리비도의 성적 본성이나 유아성욕이 인격을 만든다는 이론에 동의하지 않았다. 프로이트는 이에 대해 다음과 같이 비판한다.

"융은 정신분석의 사실들을 추상적이고 비개인적이고 비역사적인 것으로 재해석하려 시도하였다. 이를 통해 그는 유아성욕과 오이디푸스 콤플렉스에 대한 인정과 아동기 분석의 필요성을 피해갈 수 있기를 바랐다." (「나의 이력서」 1925, p.256)

결국 서로에 대한 불신이 누적되며 오해도 커져 갔다. 일례로 1912년 4월, 스위스의 정신과 의사 루트비히 빙스방거Ludwig

Binswanger 1881-1966의 악성종양 수술과 입원 소식을 들은 프로이트는 크로이츨링겐 병원으로 병문안을 갔다. 융은 그곳에서 60킬로미터 떨어진 곳에 있었지만, 프로이트는 그를 보러 가지 않았다. 이 일에 대해 융은 아주 민감하게 반응하면서 프로이트가 자신의 독립적 행동을 못마땅하게 여기고 있다고 믿기 시작한다. 1913년 11월 말 프로이트는 융과 화해했지만, 그와 토론하다 또 한 번 기절한다.(피터 게이, p.445). 오해를 풀기 위해 이들은 계속 편지를 주고받았지만, 그럴수록 오히려 불신이 심화되면서 감정만 상했다. 마침내 프로이트는 "우리 각자 이웃의 신경증보다 자신의 신경증에 더 열심히 몰두하자"(피터 게이, p.446, 1912년 12월 5일 프로이트가 융에게 쓴 편지)고 제안하면서도 다음과 같이 속마음을 드러낸다.

"나는 융이 초대 학회장으로 선출되도록 힘썼는데, 이는 나중에 밝혀지듯이 아주 불행한 선택이었다." (「나의 이력서」 1925, p.253)

1914년 융이 IPA 회장직을 사임한 후 따로 분석심리학Analytical Psychology을 창시하면서 이들의 관계는 완전히 끝이 난다.

프로이트가 저주한 아들러

프로이트는 사람에 대한 애착과 욕심이 유난히 강하지만 일단 결별이 시작되면 철저하게 응징하고 추방한다. 그리고 특정인에 대해서는 과도할 정도로 미워하기도 하는데 그 대표적 사례가 초기부터 함께 했던 알프레드 아들러다. 프로이트는 아들러에게는 단순한 반감 이상의 증오와 조롱을 퍼부을 정도로 냉혹하게 굴었으며 정신분석 진영에서 추방시킨다. 아들러는 빈 정신분석협회 회장을 맡을 정도로 명민함과 리더십이 있는 큰 인물이었고 사람들은 그를 당연한 이인자로 인정했다. 그는 정치적 야심도 상당히 컸다. 처음에는 프로이트도 아들러를 지지했으나 점차 갈등이 커지면서 종국에는 거의 저주에 가깝게 악담을 퍼부으면서 그를 고립시키려고 하였다. 융과의 관계에도 긴장과 심한 갈등이 있었지만, 끝까지 융을 설득하려고 한 모습과는 대조적이다. 아들러에 대해서는 병적일 정도로 못마땅해하는 감정이 심했는데, 일례로 아들러가 죽자 프로이트는 흡족해하면서 "빈 교외 출신의 유대인 소년이 스코틀랜드의 애버딘에서 죽었다는 것은 전례 없는 출세이며, 그가 얼마나 멀리 나아갔는지 보여주는 증거입니다"(피터 게이 2, p.466)라는 말을 남겼다. 프로이트의 이런 반응은 전형적인 신경증 환자의 모습으로 인간 프로이트의 고약한 점을 보여주기도 한다.

아들러가 처음부터 유아기 성적 욕망과 리비도 발달이론보다는 열등감을 극복하려는 '권력 의지Will to Power'를 내세우며 프로이트 이론과 다른 길을 걸어간 것도 있었지만, 융도 마찬가지였다. 프로이트가 아들러에게 유독 거부감을 가진 것은 아들러가 정신분석 내부에서 그를 따르는 무리와 함께 프로이트로부터 주도권을 뺏어오려고 모의했고, 이들에 의해 프로이트를 향한 내부 권력 분쟁이 실제로 있었기 때문이다.

정신분석 운동의 헤게모니를 둘러싼 정치적 갈등은 특히 프로이트가 1910년 결성된 '국제정신분석연합IPA'의 초대 회장으로 아들러가 아닌 융을 밀면서 극에 달한다. 아들러는 자신이 초대 회장이 되어 국제적으로 프로이트에 버금가는 대표성을 가지기를 기대했다. 그러나 프로이트는 국제화를 위해서는 스위스 정신의학파의 조직적 합류가 더 중요하다고 판단했다.

사상적 차이를 화해 불가능한 감정적 대립으로 몰고 간 계기는 1911년 2월 아들러가 발표한 「신경증의 핵심 문제인 남성적 저항」이 발표되면서였다. 아들러는 프로이트의 성욕 이론에 대해 부정적 태도를 보이면서 인간은 타고난 열등감이 있고, 그것을 보상받으려는 우월성 추구Superiority Striving원리에 따라 행동한다고 설명했다. 신경증은 성적 억압 때문에 생기는 것이 아니라, 타고난 열등감의 영향 때문이라며 생물학적, 환경적 요인을 더 강조한 것이다. 남성적 저항이란 열등감과 부적응적 증상에 대해 보상받으려는 신경증적 욕망이 과도하게 남성성을 추구하는 경향을 말한다. 그러나 프로이트가 보기에는 아들러가 말하는 '남성 항거'는 또 다른 형태의 성적 억압에서 유래하는 증상일 뿐이다. 신경증에 생물학적 열등성이 작용한다는 진단뿐 아니라, 프로이트는 아들러가 성격 형성에서도 유전적 요인과 형제 관계를 더 강조했다고 비판한다. 신경증뿐 아니라 정신적 과정과 사회적 작용을 개인심리학으로 일반화해 설명하려는 아들러를 경계했다. 프로이트는 정신분석이 일반 심리학이 아니라 개인 신경증에 초점을 맞추고, 이를 토대로 무의식을 설명해야 한다는 태도를 끝까지 포기하지 않았다. 결국 프로이트는 아들러에 대해 "아들러의 이 모든 학설은 큰 영향력을 발휘하여 정신분석에 피해를 줄 것이다."(피터 게이, 425)라고 판단하면서 그를 추방한다.

　정신분석 운동에서 융과 아들러와의 단절은 권력 투쟁이 아니라 정신분석이론과 조직, 그리고 임상적 원리와 방법이 정립되면서 생길 수밖에 없는 현상이다. 프로이트는 자신을 떠나거나, 융과 아들러처럼 독창적인 이론화를 시도하는 사람들에게 정신분석 명칭을 사용하지 말 것을 요구한다. 이런 분열과 갈등은 오늘날에도 여러 형태로 재현되고 있다. 프로이트가 아들러의 사망에 흡족해한 것이나, 1911년 그가 프로이트를 떠나자 아널드 츠바이크 Arnold Zweig에게 "끝없이endlos 아들러를 제거했네"(1911년 6월 5일 프로이트가 융에게)라고 쓴 편지는 프로이트 역시 유아적인 신경증 환자였음을 보여준다. 편지에 "마침내endlich"라는 부사 대신 "끝없이"라는 말실수를 할 정도였으니 말이다.

　아들러, 융, 그 후에 다른 제자들도 프로이트를 떠난다. 반복되는 내부 분열과 위기에도 불구하고 정신분석 운동은 유럽 전역으로 확장되면서 뿌리 내린다. 함께 일하던 동료들이 떠난 자리는 새로운 사람들로 채워지면서 국제정신분석 학회의 지부들이 조금씩 미국과 유럽으로 확장되기 시작한다. 1911년 어니스트 존스가 미국정신분석 협회를, 1913년에는 페렌치가 부다페스트 정신분석학회를 창설한다. 프랑스에서는 가장 늦게 1926년 파리정신분석학회가 창설된다. 점차 국제적 규모를 갖춘 IPA는 2년 단위로 국제회의를 진행하고, 협회 차원에서 정신분석 전문가를 양성하고 있다. 2026년 현재 세계 각국에 총 96개 단체가 있으며, 회원 수는 약 13,000명 이상이다. IPA는 명실상부한 국제단체가 되었다. 특히 정신분석 운동은 오늘날 아르헨티나 같은 남미에서 강하게 뿌리를 내리고 있다.

프로이트 미국에 새바람을 일으키다

프로이트의 미국 방문 전까지 프로이트를 따르는 사람들이 헝가리, 프랑스, 스위스 등 외국으로 확장되기는 했지만, 개인적 참여 수준이었고, 해당 국가 지성계에서는 여전히 비주류로 취급받았다. 하지만 미국에서 초대 미국심리학회 회장을 맡을 정도로 권위가 컸고, 유럽의 신진 사상 수입에도 열정적이었던 스탠리 홀의 미국 초청은 그의 사상이 국제적으로 공인받기 시작한 역사적 계기가 된다. 프로이트는 대중들의 열띤 호응은 물론 미국 학자들과 만남과 그들이 정신분석학에 보인 관심에 고무되었다.

프로이트가 그때 당시 느꼈던 환희는 1925년에 이론적 평가서처럼 쓴 「나의 이력서Selbstdarstellung」 여실히 드러난다. 책에서 그는 미국에 가서 얼마나 환대를 받았으며, 하버드 대학의 신경학자 퍼트넘J. Putnam과 철학자 윌리엄 제임스William James와 나눈 우정이 얼마나 황홀했는지 기술하고 있다(「나의 이력서」, 254-5쪽). 프로이트의 방문 후 1911년 미국정신분석학회APA American Psychoanalytic Association가 창립된다. 초반에는 프로이트가 다녀간 미국 동부의 보스턴과 뉴욕 중심으로 발전하지만 서서히 확장된다. 그러나 미국식 실용주의 영향과 통속적인 문화적 관심에 의해 정신분석이 지나치게 문화이론화되고 일종의 교양이자 지식인의 유행적 행동처럼 변질되면서, 유럽과는 사뭇 다르게 뿌리를 내리게 된다. 그러나 일부 미국 정신의학자들은 프로이트의 임상적 부분을 수용하기도 한다. 그간 미국에서는 생물학과 신경의학적 전통에 따른 정신의학이 주로 발달했다. 프로이트의 방문 이후 1920~30년대에 프로이트의 이론을 받아들인 정신과 의사들이 증가하면서 정신분석이 정신의학psychiatry의 핵심 치료법이 되기 시작한다.

1930년대 유럽에서 나치 집권 후 유대인 학자들에 대한 탄압이 시작되며, 이를 피해 학자들은 대거 망명을 떠나게 된다. 이 움직임은 정신분석 운동이 더욱 활성화되는 계기가 된다. 대표 학자로 하인츠 하르트만Heinz Hartmann, 에른스트 크리스Ernst Kris, 루돌프 뢰벤슈타인Rudolph Loewenstein, 카렌 호나이Karen Horney, 에릭 에릭슨Erik Erikson 등이 있다. 제2차 세계대전 이후 정신분석학은 이런 인물들에 의해 미국을 중심으로 재건되면서 미국정신분석학회APA가 IPA의 주요 지부로 자리 잡는다. 1950년대까지 미국에서 정신분석학은 정신의학과 결합하면서 엄청난 영향력을 행사한다. 1940~50년대, 미국 정부는 전쟁 후 외상PTSD 및 정신질환 치료를 위해 정신분석을 정신의학과 결합하는 프로젝트를 주도했다. 그러나 1950년대 후반부터 행동주의 심리학의 등장, 신경의학의 발전, 치료의 대세가 된 정신약리학 Psychopharmacology에 밀려 정신분석은 정신의학 분야에서 밀려나기 시작한다. 이들은 심리적 진단에 치중하는 정신분석 대신 생물학적 정신의학Biological Psychiatry을 중심으로 정신병리를 연구한다. 그리고 다국적 제약회사를 중심으로 리튬, 항우울제Tricyclic Antidepressants, 벤조디아제핀Valium 등의 약물 개발로 정신의학의 치료 방식이 급격히 발전하면서 정신분석학의 효능성이 떨어지게 된다.

이에 정신분석은 독자적 생존 방향을 모색하기 시작한다. 정신분석 이론을 심리학적으로 발전시켜 자아 심리학Ego Psychology, 자기 심리학Self Psychology, 대상 관계 이론Object Relations Theory으로 분화되며 발전한다. 여기서는 두 이론의 핵심만을 짧게 살펴보려고 한다.

모던 정신분석이라는 유산

하인츠 하르트만Heinz Hartmann, 1894-1970이 대표하는 자아 심리학은 프로이트의 후기 정신구조 모델-이드, 자아, 초자아-에서 특히 자아의 독립성과 조정적 역할을 강조하는 것이 특징이다. 정신 내부의 분열과 갈등을 강조하고 억압을 중심으로 정신분석을 전개하는 정통 프로이트주의와 달리 하르트만은 정상적인 자아 발달과 적응을 높이는 데 관심을 두었다. 당연히 정신분석의 목표는 건강한 자아를 길러주는 것이다. 하르트만은 자아가 환경과 상호작용하면서 발달하는 기능들을 "자아 기능ego functions"이라 부르면서 이것을 잘 수행하는 성숙한 인격을 '자율적 자아'라고 불렀다.

프로이트가 성 발달이론을 중심으로 마음의 구조와 성격을 설명했지만, 하르트만은 자율적 자아가 처음부터 존재하며, 이드와는 상당히 독립적으로 발달한다고 주장한다. 이것은 하르트만이 정신 내부의 역동보다는 심리적 갈등을 해결하고 자유롭게 독립하는 데 자아의 역할을 중시하기 때문이다.

하인츠 코헛Heinz Kohut, 1913~1981이 창시한 자기 심리학도 비슷하다. 코헛은 정신병리의 원인을 개인 내적 갈등보다 자기Self 결핍과 손상에서 찾으면서 "건강한 자기Self 형성을 위해 무엇이 필요한가"를 주로 연구했다. 프로이트 이론에 대한 코헛의 가장 큰 이론적 전환은 병리적 측면에서 주로 연구되었던 나르시시즘Narcissism의 긍정적 기능에 주목하면서 이를 통해 성격장애를 치료한 점이다. 원래 나르시시즘은 정신증, 성격장애, 신경증에서 과도하게 자기로 에너지가 집중되면서 현실 인식이 떨어지는 망상적 메커니즘을 설명하기 위해 도입한 개념이었다. 반면 코헛은 나르시시즘이 개별적이면서도 필수적인 발달과정이며 희망, 야망, 이상의 원천이 된다고 설명하면서 프로이트를 넘어선다. 나르시시즘의 긍정성에 근거해 나온 것이 '자기 존중감self-esteem'과 '자아 효능감self-efficacy'이다.

<table>
<tr><td>

자기 존중감self-esteem

한 개인이 자기 자신에 대하여 가지고 있는 긍정적 혹은 부정적 느낌과 관련된 자아개념 일부로 개인의 성공과 인간관계에 큰 영향을 미친다. 자존감은 맹목적인 방어적 태도인 자존심과는 다르며, 자신의 장점과 단점을 정확히 알고 있고 스스로에 가치를 부여하기 때문에 타인의 평가에 연연하지 않는 것이 특징이다.

</td><td>

자아 효능감self-efficacy

알버트 반두라Albert Bandura가 만든 개념으로 자신이 특정한 목표를 성취할 수 있다는 확신이다. 자신에 대한 전반적인 지각, 감정을 나타내는 자신감과 달리, 특정한 시기, 특정한 상황에서 자신이 어떤 일을 해낼 수 있다는 믿음이 자아 효능감으로 자존감의 근거가 되기도 한다.

</td></tr>
</table>

다른 한편으로는 하이먼 스팟니츠Hyman Spotnitz, 1908 - 2008 같은 정신과 의사가 정신분석을 접목해 정신분열증 환자를 대상으로 정신분석적 작업을 하는 접근법을 개척하기 시작했다. 원래 정신병은 정신분석 치료의 대상이 아니었고, 프로이트 당시에는 성격장애라는 용어도 없었다. 다양한 형태의 성격장애, 정신증, 특히 경계선 장애 같은 새로운 장애 명칭이 생기면서, 새로운 진단과 치료 방법의 필요성이 제기되었다. 미국을 중심으로 이른바 모던 정신분석가들은 정신분석적 방법을 새롭게 정신증과 성격장애에 적용하면서 현대 사회에 정신분석의 유용성을 새롭게 각인시키고 있다. 미국의 정신분석은 유럽과는 다른 방향으로 발전하면서 특유의 전통을 만들어 간다. 정신분석을 19세기의 낡은 이론으로만 치부하는 것은 프로이트 사후 다양한 정신분석의 흐름을 제대로 이해하지 못해 발생하는 지나치게 교조적인 해석이다. 아무리 뇌과학과 신경과학이 발달하여 뇌의 작동 원리가 더 세밀하게 밝혀지고 약물치료가 즉각적 효능을 보여주어도 삶의 의지와 욕망까지 만들어줄 수는 없다. 정신분석은 뇌과학이나 약물치료가 대신할 수 없는 방식으로 삶의 의미와 욕망을 사유하게 한다. 정신분석 운동사가 말해주듯, 바로 이것이 분열하면서도 새롭게 변화하는 프로이트의 유산이 아닐까?

국제정신분석학회IPA 본부
영국 런던 시티 로드

04

SIGMUND FREUD

꿈의 비밀과 무의식

Bellevue-Höhe

썰렁한 빈 박물관

프로이트가 런던 망명 전까지 살았던 오스트리아 빈의 베르크가세 19번지. 현재는 프로이트 박물관이다. 오늘날에는 워낙 유명한 곳이라 관광객이라면 누구나 찾는 곳이다. 프로이트가 다섯 살 때부터 거의 평생을 살던 곳이라 당연히 둘러보아야 하겠지만 크게 기대하지는 않았다.

텅 빈 건물에 사진들과 몇몇 유품만 전시된 사정을 이미 알았기에 나는 큰 호기심이 없었다. 빈에 도착한 나는 여장을 풀고 모처럼 여유롭게 쉬다가 다음 날 프로이트 박물관으로 갔다. 제법 큰 2층 건물이지만 반나절이면 충분하다. 프로이트 사진과 안내판, 몇 가지 유물이 없으면 이곳이 어떤 곳인지 쉽게 알 수 없을 정도로 프로이트의 흔적은 쉽게 찾아볼 수 없었다.

오전에 프로이트 박물관을 관람한 후 오후에는 빈 시내에서 프로이트가 즐겨 가던 카페, 공원, 빈 대학 주변을 돌아다녔다. 아무리

오스트리아 빈 프로이트 박물관 내부

유럽이 옛 전통을 쉽게 버리지 않고 원형을 잘 보존한다고 해도 대학은 아무래도 현대화되어 옛 건물의 모습이 거의 남아 있지 않을까 걱정을 하며 주변을 살폈다. 파리에서 살페트리에르Salpêtrière 병원에 갔을 때 병원이 너무 크고 현대적이라 19세기 분위기를 느낄 수가 없었기 때문이다. 이곳 분위기도 비슷했다. 저녁에는 빈 사람들이 즐겨 먹는 고등어구이를 먹었고, 가볍게 빈의 맥주를 곁들여 이국적 분위기를 즐겼다. 다음 날에도 프로이트가 공부한 빈 대학 의학부, 그리고 대학가 주변을 산책했다. 빈에서 프로이트의 흔적을 찾아다니다가 '프로이트 공원'이라고 이름 붙은 공원을 발견했지만 특별히 프로이트와 연관된 장소는 아니었다.

사실 빈에서 내가 가장 방문하고 싶었던 장소는 벨뷔Bellevue-Höhe였다. 프로이트가 꿈의 비밀을 발견하고, 이제 유명해지는 일만 남았다고 호언장담한 곳인 벨뷔Bellevue-Höhe, '독일어로 전망 좋은 언덕이란' 뜻인데 불어도 같다'에 가기로 했다. 현재 아무 흔적도 남아 있지 않다는 이야기를 들었지만, 터라도 보고 싶었다. '벨뷔'는 프로이트와 관련된 일화에 자주 등장하지만, 무성한 소문과 달리 찾기가 쉽지 않은 장소다. 장소 자체보단, 그곳을 찾아가는 여정에 대한 기대감이 컸다. '벨뷔'는 어떤 매력적인 장소이기에 프로이트가 여기서 휴가를 보내며 꿈을 연구했고, 꿈의 비밀을 환히 보면서 '유레카'를 외쳤는지 무척 궁금했다. 벨뷔는 빈 시내가 한눈에 내려다보이는 산 중턱에 있는 호텔로, 한때 요양원으로 사용했고 프로이트가 젊은 의사였을 때 잠시 근무하던 곳이기도 하다. 나중에는 호텔 겸 레스토랑으로 바뀌어 빈 사람들의 여름 방문지로 인기를 끌었다고 한다. 프로이트는 책을 보거나 산책하기를 아주 좋아했다.

벨뷔Bellevue-Höhe 성은 대략 1960년에 철거되어 지금은 사진으로만 볼 수 있는 2층짜리 아담하고 하얀 석조건물이다. 특별한 매력도 없고 화려하지도 않은 이 호텔에서 프로이트는 1895~1900년 종종 가족과 여름휴가를 보냈다. 벨뷔의 행정상 주소는 오스트리아 빈 코벤츨, 힘멜슈트라세 19번지Cobenzl, 19 Himmelstrasse다. 버스 38A를 타고 코벤츨 주차장Parkplatz am Cobenzl에 내리면 된다는 것이 내가 사전에 파악한 정보 전부였다. 주소 외에 별도 정보가 없어서 찾는 일이 순탄치 않을 거라고 어느 정도 각오하고 있었다. 프로이트가 빈의 대표적 인물 중 한 명이지만 상징적 존재는 아니고, 또 '벨뷔'라는 곳이 정신분석 역사에서 중요한 역할을 한 장소도 아니었기 때문이다. 다만 나 같은 프로이트 연구자들에게 벨뷔는 꽤 친숙한 곳이다. 벨뷔 여행을 준비하다가 서울을 잠시 떠나며 품었던 기대가 머릿속을 스쳐 지나갔다. 프로이트가 플리스에게 호언장담한 동판이나 기념비가 있을까? 무너진 고대 유적지처럼 건물의 흔적이나 터라도 볼 수 있지 않을까? 21세기의 벨뷔를 머릿속에 그려봤다.

벨뷔Bellevue-Höhe로 가는 길

드디어 벨뷔로 가는 날, 마치 깊은 산속 공원에 가듯 자동차로 완만한 구릉을 구불구불 올라가야 했다. 30분 정도 걸려 도착한 넓은 주차장에서 코벤츨Cobenzl이라는 이름이 보였다. 벨뷔에 가까이 온 것이다. 차들이 제법 눈에 띄고 버스정류장도 있는 것으로 보아 그렇게 외진 곳은 아니고, 빈 사람들이 여전히 찾는 휴식처 같았다. 하지만 프로이트가 머물렀던 벨뷔를 정확히 찾기가 쉽지 않았는데 온통 산이었기 때문이다. 차에서 내려 벨뷔Bellevue-Höhe를 찾기 위해 동네 주민들에게 몇 번을 물어보며 산길을 올라야 했다. 혹시 프로이트를 아느냐고 물어봐도 대부분 왜 이런 산에서 그 사람을 묻냐는 식의 반응이었다.

두어 군데 레스토랑에 들어가기도 하고 지나가는 노인들을 붙잡고 이 근처에 60년대까지 '벨뷔'라는 호텔이 있었다는데 그 장소를 아느냐고 물었다. 다행히 한 노인이 어렸을 때 근처에 호텔이 있었던 것 같다고 얘기해주었다. 프로이트가 여기 자주 왔다는 풍문을 전해준 노인도 있었다. 그 노인이 안내해준 방향을 따라 대략 코벤츨Cobenzl 주차장에서 힘멜슈트라세Himmelstrasse 방향으로 올라갔다. 마침내 힘멜슈트라세 19 주소지를 찾았지만 당혹스럽게 숲 한복판이었다. 근처를 헤매다 산 쪽에서 보이던 벨뷰슈트라세Bellvuestrasse 표지를 따라 올라갔다. 십여 분 정도 올랐을까? 갑자기 탁 트이고 평평한 산마루가 나타났다. 직감적으로 여기가 벨뷔라는 느낌이 들어 주변을 탐색했다. 멀리 구석에 뭔가 기념비 같은 것이 눈에 띄었다. 의도적으로 두리번거리면서 찾지 않으면 쉽게 보이지 않는 위치였다. 가까이 가니 약 2미터 높이 정도의 돌판과 그 위에 청동으로 부조된 판이 붙어 있었다.

마침내 벨뷔에서 프로이트 편지가 새겨진 기념물을 찾았다. 건물터 같은 흔적은 없었다. 아마 꽤 넓은 저 산마루 가운데 지점에서

힘멜슈트라세 19 근처에 세워진 기념비

빌헬름 플리스에게 보낸 편지 글귀가 새겨진 동판

"언젠가 다음과 같은 구절이 새겨진 대리석 비문이 이 집에 세워지리라는 것을 자네는 상상할 수 있겠나? 1895년 7월 24일 이곳의 집에서 지그문트 프로이트 박사가 꿈의 비밀을 밝혀내었다."

빌헬름 플리스에게 보낸 편지 1900년 6월 12일

프로이트가 빈을 내려다보면서 서 있었을 것이다. 입신양명을 장담하던 프로이트의 포부와는 달리 기념비는 소박했다. 화려한 대리석 비문 대신 돌로 만든 비석에 편지 글귀가 새겨진 청동 동판이 전부였다. 프로이트가 사망한 지 거의 40년 후인 1977년 5월 6일에 건립된 기념물이었다. 아마 뒤늦게 오스트리아 정부가 프로이트와 관련된 장소로 기념하기 위해 이곳에 프로이트의 편지글을 새기고 이정표를 남긴 것 같았다. 만약 아무런 정보가 없었다면 이곳은 그저 평범한 빈 전경의 야산에 불과했을 것이다.

『꿈의 해석』 출간으로 큰 기대를 품었던 프로이트는 자신이 마주한 현실의 냉담에 다음과 같이 실망감을 표현한다.

"나는 최소한 지금까지 이 책에 대해서 나온 반응이 별로 달갑게 여겨지지 않는다네. 이 책이 거의 이해되지 않았기 때문이지. … 내 주위 사람들 누구도 이 책에 중요한 것이 포함되어 있다는 사실은 거의 짐작하지 못하는 것 같아. 나는 내가 시대를 15년이나 20년쯤 앞서가기 때문에 그러는 것이라고 스스로를 위안하고 있네."

플리스에게 1900년 3월 27일자(마르토 로베르, p.173).

프로이트는 세상이 주목하지 않았던 꿈이 가진 심리학적 의미를 발견하고 이것이 인류 정신사에서 가지는 중요성을 직감하면서 얼마나 흥분했겠는가? 마치 우여곡절 끝에 비글호를 얻어타고 5년이나 남아메리카 여러 곳을 탐험하면서 과학적 자료를 수집하던 찰스 다윈Charles Robert Darwin, 1809-1882의 심정과 비슷하지 않았을까? 다윈은 뱃멀미와 풍토병에 시달리면서도 결국 갈라파고스 군도에 도착했다. 그곳에서 다양한 모양의 부리를 가진 핀치새를 관찰하면서 '자연선택'의 비밀을 알아낸 것이다. 진화론이라는 사상적 혁명을 연 다윈. 프로이트는 자신과 다윈을 동일시했을지도 모른다. 프로이트는 '이르마'의 꿈을 분석하면서 인간의 무의식에 도달하는 왕도를 발견했다고 믿었다. 친구 플리스에게 장차 이곳 벨뷔가 기념비적인 공간이 될 것이라고 호언장담했다. 1900년에 맞춰 『꿈의 해석』을 출간했으나 실제 현실은 전혀 그러지 못했다. 진화론으로 당대부터 최고의 지성으로 찬사를 받은 다윈과 달리 프로이트의 '꿈의 심리학'은 적지 않은 기간 조롱과 외면의 대상이 되었다. 오늘날 『꿈의 해석』이 대표적인 고전으로 꼽히는 것을 보면 뒤늦게나마 프로이트의 소원이 이뤄졌다고 할 수 있다. 프로이트의 꿈과 그것과 연관된 전설을 안다면 '벨뷔'는 한번 가볼 만한 곳이다. 빈 시내에서 코벤츨 주차장Parkplatz am Cobenzl으로 구글 지도에 목적지를 잡고, 힘멜슈트라세 19, 그리고 벨뷰슈트라세Bellvuestrasse 표지를 찾아 산을 오르면 된다.

꿈의 기능

19세기 과학주의 정신에 기초한 신경학자였고, 환자의 치료보다는 실험실에서 신경생리학 연구에 몰두하던 프로이트는 왜 꿈에 그토록 매료되고 집착했을까? 벨뷔에서 이르마를 통해 꿈의 비밀을 풀어내면서 프로이트는 자신의 업적이 대대로 기려질 만큼 중요하리라 기대하고 예감했다. 꿈은 정신분석에서 매우 특권적 위치를 차지한다. 누구에게나 해당되는 일상의 무의식을 보편적으로 가장 잘 보여주는 것이 바로 꿈이기 때문이다. 신경증이나 정신병리가 있는 사람이 아니라면, 인간 모두가 꿈을 꾼다. 바로 이 점에서 꿈은 무의식의 보편성을 보여준다. 그런데 대부분은 꿈의 의미를 무시하고 망각하거나 쉽게 지나친다. 꿈은 가장 친숙한 심리 현상일 뿐 아니라 자기 분석에서 중요한 매개체인데도 말이다.

당시까지 아무도 꿈을 진지한 학문적 연구의 대상이라고 생각하지 못했다. 반면 프로이트는 무의식의 이해에서 꿈이 열쇠 역할을 한다는 것을 발견하고, 정신분석 창시의 가장 강력한 도구를 얻게 된다. 사실 꿈의 발견은 의도된 것이 아니었다. 새로운 치료법을 찾던 프로이트가 자유연상에 기반한 분석을 시작하자 환자들이 주로 꿈 이야기를 하기 시작했다. 처음에는 우연한 현상으로 보였지만 도라Dora 사례에서 보듯 증상의 의미를 풀 수 있는 핵심은 꿈에 있음을 깨닫는다. 오늘날도 정신분석 상담에서 꿈은 중요한 수단이다.

도라 사례

도라는 프로이트에게 다음과 같은 꿈을 얘기한다.

"집에 불이 났어요. 아버지가 일어나서 나를 깨우면서 밖으로 나가자고 해요.

엄마는 보석함을 챙기려 하지만 아빠는 '보석 때문에 가족들이 죽을 수는 없소'하면서

이를 만류해요. 나는 급히 옷을 입고 서둘러 가족과 밖으로 나옵니다."

프로이트는 이 꿈이 사춘기 소녀가 억압하는 사랑(불)과 순결(보석함)에 대한 욕망과

그것이 나를 태울까 걱정하면서 망설이는 무의식적 소망을 잘 보여준다고 해석한다.

도라Dora **실제 사례자**
이다 바우어Ida Bauer 1882-1945
1900년 프로이트에게 약 3개월 동안 치료를 받았다.

환자들은 꿈의 정확한 의미나 왜 특정한 형태의 꿈을 꾸고, 이것이 강한 여운을 남기며 반복되는지 이해하지 못한다. 꿈은 강한 정서적 여파와 수수께끼를 남긴다. 환자를 분석할 때 먼저 물어보지 않아도 꿈 이야기가 나올 수밖에 없는 이유다. 꿈은 무의식이 보내는 메시지라는 의미다. 꿈에는 낮에 경험한 잔재들이 내용에 뒤섞여 있기는 하지만 동시에 꿈은 해결하지 못한 무의식적 소망이나 상처를 보여준다는 것을 프로이트는 깨닫기 시작한다. 그러면서 꿈을 더 체계적으로 탐구하기로 한다.

"우리의 의식 생활에서 유래하고, 의식 생활의 성격을 가지고 있는 그 무엇(낮의 잔재)과 무의식의 영역에서 나오는 그 무엇이 결부되어 꿈이 된다." (『정신분석 입문』 1915~1917, p.199.)

프로이트가 한 일은 꿈의 과학을 새로 만든 것이라기보다, 꿈이 신비한 계시가 아니라 해결되지 않은 생각과 관련된다는 고대로부터 이어져오던 오래된 직관을 이론적으로 정식화한 것이다. 키케로는 "깨어 있을 때의 사고와 행위의 잔재가 정신 안에서 움직이고 자극한다"(『꿈의 해석』, 31쪽)라고 말했다. 도대체 우리는 왜 꿈을 꾸고, 꿈의 기능은 무엇일까? 현대 뇌 과학도 꿈에 관해 많은 연구를 하지만, 주로 기억 정리와 장기기억으로의 전환과정에서 감정적, 지각적 흔적과 자극이 섞이면서 적당한 장면을 만드는 뇌의 자율적인 생리적 메커니즘이라고 설명한다. 과학에서는 무엇보다 실증성을 중시하므로 이는 당연한 일이다. 그러나 프로이트에 따르면 꿈은 생리적 작용이 아니라 완벽한 심리 현상이며, 다음과 같은 기능을 수행한다.

첫 번째 수면을 보호하는 역할이다. 물론 악몽을 연상하면 오히려 꿈이 잠을 방해한다고 반론할 수도 있겠지만 원래 가장 편한 환경에서 휴식을 취할 때 낮의 잔재나 밤의 여러 자극이 수면을 방해하지 않도록 연출하는 현상이 꿈이다. 프로이트가 수면 보호의 예로 드는 것이 이른바 '편의 꿈'이다. 편의 꿈이란 자는 동안 생리적 자극이 생겨 수면이 방해받거나 뭔가 해결할 일이 있을 때 꿈이 이를 대신해주는 것이다. 예컨대 소변을 보고 싶을 때 화장실에 가는 꿈이 전형이다.

두 번째 꿈은 기억의 한 방편이다. 뇌 과학도 비슷한 주장을 하는데, 꿈은 해마hippocampus에 있는 단기 기억을 대뇌피질cerebral cortex로 옮기면서 기억을 정리하고 보존하는 작업이라고 한다. 그래서 꿈을 방해받으면 뇌의 기능이 떨어지고 기억에 문제가 생길 수도 있다. 프로이트는 꿈이 무의식적 기억의 한 방편이라는 것을 '늑대인간' 사례를 통해 보여준다.

세 번째는 가장 핵심적인 꿈의 기능으로 프로이트가 말한 '소원 성취', 즉 욕망을 발산하고 충족시키는 것이다. 이것은 생생히 기억할 수 있는 의식적 꿈에서 바로 확인할 수 있다. 예컨대 중요한 시험을 앞두고 있는 사람이 시험 전날 합격하는 꿈을 꾸는 것이다. 간절히 바라기 때문이다. 그런데 무의식적 소망은 평소 우리가 억압하고 마주하기를 꺼리는 내용이 많다. 꿈은 의식의 검열과 저항을 뚫고, 변형된 이미지의 형태로 밤사이에 표현되면서 교묘하게 소원을

늑대 인간 사례

성인기에 프로이트를 찾아왔고, 다른 의사들은 매독으로 인한 신경성 질환과 우울증으로 진단했지만, 프로이트는 유아기에 완전히 극복되지 못한 오이디푸스 콤플렉스가 작동하는 유아 강박증 사례로 해석한다. 늑대 6~7마리가 나무에 올라가 자기를 노려보는 꿈을 자주 꾸었다고 해서 '늑대인간' 별명이 붙었다. 프로이트는 이 꿈에서 늑대는 아버지의 두려운 이미지와 연관되며, 늑대인간이 기억하는 여러 늑대 우화는 거세 콤플렉스를 암시한다고 해석한다.

늑대 인간Wolf Man 실제 사례자
세르게이 판케예프Sergei Pankejeff 가 직접 그림 〈나무 위의 늑대들 꿈〉

성취시킨다.

"꿈은 항상 어떤 무의식적 소망의 충족입니다. 하지만 그것은 여러분이 꿈을 꿈 작업의 결과로 간주할 때만 그렇습니다. 꿈은 언제나… 소망 충족을 위해 '변형되는 계획'이나 그 밖의 '다른 것'을 뜻합니다. 소망 충족은 꿈의 불변적 특성이며, 다른 것들은 가변적 특성입니다."(『정신분석 강의』1917, p.306. 열네 번째 강의, '소망 성취'를 필자가 우리말 옮김을 약간 수정함.)

무의식적 소망에 관계된 꿈은 비틀리고 축약되고 낯선 형태로 나타나며 가끔은 정반대의 모습을 보여주기 때문에 표면적 내용으로는 전혀 이해할 수 없다.『꿈의 해석』의 한 사례를 보자. 병으로 죽어가는 노인이 꿈을 꾸었는데 자기 방에 누가 들어오자 촛불을 켜려고 한다. 그런데 잘되지 않아 부인이 돕는다. 하지만 부인도 촛불을 켜지 못하고 당황해하는데 이 모습이 너무 우스워 노인은 큰 소리로 웃다가 자기 소리에 놀라 잠을 깼다. 겉으로 보면 유쾌한 꿈 같지만, 촛불은 죽음을 목전에 둔 노인의 더 살고 싶은 간절한 마음을 상징한다. 촛불을 켜려고 애쓰는 모습은 죽음에 대한 노인의 두려움이 투영된 것이다. 꿈이 우스워 보이는 것은 실은 두렵고 슬픈 마음을 은폐하려는 무의식의 전략이다.

네 번째 기능은 꿈이 자기 내면을 적나라하게 보여주는 극장이기에 자기 분석에 활용될 수 있다는 점이다. 프로이트는 정신분석의 목적이 자기 분석에서 시작한다고 여러 곳에서 강조한다. 꿈은 나의 진짜 모습이나 욕망, 내가 알지 못하는 본 모습을 가감 없이 드러낸다. 프로이트에 따르면 우리 내면에는 인식하지 못하는 진짜 내가 있지만, 그것은 자신을 꽁꽁 감추려는 경향이 있다고 한다. 이런 은밀한 억압이 드러나는 곳이 꿈이다. 꿈은 일상과 '다른 무대another scene'이기 때문이다. 철학자 플라톤도 꿈에 대해 "무섭고 사나우며 무법한 종류의 욕구가 누구에게나 있고, 이것이 꿈속에서 명백하게 나타난다"(플라톤, 『국가』 9권, 572b, p.566)고 말한다. 『꿈의 해석』에서는 프로이트가 꾼 총 47개의 꿈이 나오는데, 프로이트는 자신의 꿈을 자기 탐구의 수단으로 활용했기 때문이다. 자기 분석과 성찰은 건강한 삶과 자기실현을 위해서도 꼭 필요하다.

꿈 과학과 프로이트의 좌절

프로이트가 그토록 꿈을 강조한 이유는 꿈 분석을 통해 평상시에는 감춰져 존재하지 않은 것처럼 보이지만 끊임없이 일상에 나타나면서 우리의 생각과 행동을 실질적으로 지배하는 무의식을 발견할 수 있기 때문이다. 원래 무의식은 19세기의 독일 낭만주의자들 그리고 쇼펜하우어Arthur Schopenhauer, 1788-1860 같은 철학자들이 먼저 주장했다. 심지어는 프로이트와 거의 동시대에 활동했던 뮌헨 대학의 심리학 교수 테오도르 리프Theodor Lipps도 『정신적 삶의 근본적 사태들』(1883)에서 무의식에 대해 설명한다. 리프는 인간이 의식하지 못하지만, 그 속에서 활동하는 무의식적 표상을 강조했다. 프로이트는 플리스에게 보낸 편지(1898년 8월31일)에서 자신이 아류처럼 취급될까 걱정하기도 했다.

프로이트가 위대한 점은 꿈을 최초로 과학적 탐구의 대상으로 삼으면서 이를 매개로 무의식의 과학을 창시한 것이다. 무의식 혁명을 통해 기존의 통념, 즉 인간이 이성적 존재이고 합리적으로 행동한다는 믿음을 깨뜨렸다. 프로이트에 따르면 인간은 세 번 자존심에 결정적으로 손상을 입으면서 중심부에서 추락했다. 첫 번째는 코페르니쿠스Nicolaus Copernicus, 1473-1543의 천문학 혁명에 의해 우주의 중심에서 변방으로 밀려난 사건이다. 지동설은 단순한 과학적 발견이 아니라 신 중심, 지구 중심인 중세 사고관의 붕괴를 가져오면서 근대를 여는 출발점이 된다. 두 번째는 다윈의 진화론으로 인간이 만물의 영장이며 영적 존재라는 믿음에 균열을 일으켰다. 인간도 동물처럼 진화의 원리를 따르는 하나의 종이라고 다윈은 선언했다. 프로이트는 자신의 발견이 코페르니쿠스와 다윈을 이은 세 번째 발견이라고 생각했다. "자아는 자기 집의 주인이 아니다"(한스 마르틴, p.136)라는 사실을 통해 인간 본성에 대해 새롭게 사고할 수 있는 길을 열었다고 자평한다,

뇌 과학이 발달하며 오늘날 인간 정신의 많은 부분이 무의식에 지배받는다는 사실은 상식이 되었다. 벤저민 리벳Benjamin Libet, 1916-2007의 실험이 보여주듯 의식적으로 보이는 우리의 선택에는 강력한 무의식의 영향이 있다는 것, 이제는 대부분 알고 있다.

프로이트가 『꿈의 해석』을 낼 당시에도 대부분 학자는 무의식을 인간 정신의 본질로 받아들이지 않았다. 이런 시기에 프로이트는 꿈을 통해 무의식이 얼마나 일상에서 강하게 작용하는가를 보여주

벤저민 리벳의 실험

미국 캘리포니아 대학의 심리학자 리벳은 우리의 결정이 무의식적으로 이루어지고, 실제로 의식적 선택은 별로 작용하지 않는다는 점을 실험을 통해 보여준다. 그는 실험 대상자에게 특정한 시간에 특정한 버튼을 누르라고 하면서 뇌파를 탐지해 시간을 측정했다. 실험에 따르면 우리가 어떤 버튼을 선택하기 수백 밀리초 전에 이미 뇌의 특정 부위가 활성화되는 것이 관측되었다. 이 실험은 자유의지의 반박 근거로 많이 활용된다.

벤저민 리벳Benjamin Libet
신경과학적 실험을 통해 인간의 '자유 의지'에 의문을 던진 미국의 신경생리학자.

면서 새로운 마음 모델을 제시한 것이다. 이렇게 일상에서 드러나는 무의식을 프로이트는 서술적 무의식descriptive unconscious이라고 불렀다. 프로이트에 따르면 꿈은 서술적 무의식의 가장 전형적 사례이며, 그 본질은 은밀한 소원의 성취나 숨겨진 욕망의 표출에 있다. 꿈은 사회적 도덕이나 전통 등 여러 이유로 가해지는 의식의 검열을 뚫고 생긴 빈틈에서 불쑥 솟아나는 무의식적 욕망을 잘 보여준다. 무의식을 전제할 때, 의식만으로는 설명 불가능한 욕망의 역동성을 이해할 수 있다. 꿈은 의식의 단절 속에서 자신을 드러내는 '또 다른 사유'처럼 작동한다. 그러므로 우리는 꿈 분석을 통해 나 자신의 은밀한 무의식적 소망이나 상처, 혹은 잊고 싶은 내 모습을 발견할 수 있는 것이다.

프로이트가 『꿈의 해석』에서 분석한 자신의 꿈 사례를 한번 살펴보자.

"나는 어떤 식물에 관해 연구 논문을 썼습니다. 내가 쓴 책이 놓여 있고, 나는 칼라로 된 삽화를 뒤적거리며 봅니다. 식물 표본처럼 보이는 바짝 말린 식물들이 그림마다 붙어 있습니다."(『꿈의 해석』 1900, p.340)

아주 간단하고 특별한 사연도 없어 평범해 보이는 이 꿈을 풀어보면 프로이트가 당시 느끼고 있는 여러 복합적 감정은 물론, 어렸을 적부터 그를 사로잡은 무의식적 욕망과 좌절까지 알 수 있다.[1]

---

1 프로이트는 겉으로 드러난 꿈 내용은 아주 간단하고 엉뚱해 보이지만 그 속에 숨은 무의식적 사유는 무궁무진하고 복잡하다고 말하면서 꿈을 상형문자에 비유하기도 했다.

여기서 프로이트의 진짜 심리를 보여주는 키워드는 '식물학 논문'과 '원색 삽화'다. 식물학 논문은 가난한 프로이트가 성공과 노벨상의 명예를 꿈꾸며 매달렸지만 친구의 죽음으로 끝내 포기한 코카인 연구를 암시하는 단서다. 젊은 시절 야망과 좌절을 함께 보여주는 키워드 '식물학 논문'은 꿈꿀 시점 프로이트의 학문적 위치와도 연관성이 있다. 자신은 남과 다르고 누구도 하지 못한 새로운 학문 분야(꿈의 과학)를 개척했다고 자부하지만, 사회적 인정을 받지 못하고 교수도 되지 못했다. 경제적 어려움까지 겹치며 사랑하는 연인과 결혼을 미뤄야 했다. 비루한 신세를 한탄하는 울분이 과거 '코카인'과 연결되어 영화의 한 장면처럼 꿈으로 나타난 것이다. 학술 논문과 어울리지 않는 '원색 삽화'도 중요한 키워드다. 그것은 어린 시절 프로이트가 그의 아버지에게 생일선물로 받은 그림책의 이미지를 가리킨다. 비싼 컬러 책을 선물로 사줄 정도로 프로이트의 부모님은 아들에 대한 기대가 높았다. 성인이 된 지금도 여전히 그 기대에 부응하지 못하고 있다고 은연중 자책하는 것이다. 학술논문에 어울리지 않게 원색삽화가 있다는 것은 그가 창시한 정신분석학을 동화책처럼 황당하게 바라보는 동료들의 시선과 그것에 대한 프로이트의 좌절을 암시한다. 이처럼 꿈은 겉으로 드러난 사소하고 평범한 이미지에 내면의 억압된 소원, 망각된 기억을 보여준다. 여전히 주체를 괴롭히거나 사로잡는 소원은 압축되고 변형되며 꿈에서 '전혀 다른 장면'처럼 연출되는 것이다. 꿈이 낯설고면서도 친숙한 이유는, 꿈의 연출과 주연은 나의 무의식이고, 관객은 자아이기 때문이다.

『꿈의 해석』의 원리와 마음 모델

『꿈의 해석』은 제목 때문에 오해할 수도 있지만 꿈을 해석하는 책이 아니다. 오히려 꿈으로 스스로를 탐색한 책이자, 무의식 현상이 신경증뿐 아니라 인간 마음의 구조에 어떤 원리로 작동하는지 보여주는 무의식 입문서다. 한편으로 이 책은 정신분석의 기초를 세운 프로이트의 이론을 소개한다. 자기 분석, 즉 자신이 몰랐던 기억과 좌절 그리고 힘의 원천을 찾으면서 꿈이 은폐하고 있는 깊숙한 자아를 탐색하는 작업(칼 쇼르스케 276)을 솔직하게 보여준다. 유독 가족과 얽힌 기억의 실마리나 그의 직업적 좌절을 보여주는 꿈이 많이 등장하는 것도 그 때문이다. 프로이트는 2판 서문에서 본인이 신경증을 연구하면서 좌절과 동요를 많이 경험했는데 그때마다 『꿈의 해석』이 자신감을 되찾게 해주었다고 말한다.

프로이트는 이 책에서 인간 꿈의 메커니즘을 설명하기 위해 마음 모델을 구상한다. 인간 마음은 무의식-전의식-의식의 층으로 이루어져 있다고 가정하면서 무의식을 억압된 기억 흔적의 창고처럼 제시한다. 1920년, 마음 모델은 우리에게 익숙한 이드, 자아, 초자아의 구조로 변형된다. 이를 통해 『꿈의 해석』에서 가정한 의식과 무의식의 공존과 갈등을 더 구체화한다. 프로이트는 왜 인간이 꿈을 꾸고 여러 내적 갈등을 경험하는지 입체적으로 설명한다. 간단하게 프로이트의 설명을 살펴보자.

프로이트는 인간 정신을 세 가지 요소인 이드id, 자아ego, 초자아superego로 설명한다. 전기에는 무의식, 전의식, 의식. 후기에는 이드,

자아, 초자아. 용어 표현이 달라졌을 뿐 내용은 그대로다. 강조점에 차이가 있을 뿐이다.

　우리 마음의 가장 원초적인 부분은 이드id다. 이드는 인간의 원초적인 충동drive과 억압된 기억 흔적으로 이루어진다. 이드는 '쾌락 원리pleasure principle'를 따르는데 이것은 고통을 피하고 제약 없는 쾌락을 추구하는 본능이다. 말을 배우지 못한 아이가 생리적 욕구가 생기면 바로 표출하는 상태를 떠올리면 된다. 배가 고프면 먹으려 하고, 화가 나면 뭔가 집어 던지거나 때리려고 한다. 아기들은 욕구가 생기면 상황과 상관없이 울거나 손가락을 쭉쭉 빠는데 양태만 바뀔 뿐 어른도 마찬가지다. 인간이 성적 욕구, 공격적 충동, 무제한 쾌락을 추구하려는 행동은 이드의 속성이다. '도파민 중독'은 현대인의 대표적 문제다. 도파민은 게임중독이나 알코올 중독처럼 일부 병리 현상을 일으키지만, 오늘날은 오히려 스마트폰이나 유튜브 중독으로 확대되면서 거의 모든 일상을 지배하고 있다. 도파민 중독은 이드가 얼마나 강력한지 보여주는 예시다. 멈출 수 없고 동기도 알 수 없는 충동은 이드의 작용이다.

　다음으로 자아ego다. 인간은 쾌락 원리를 맹목적으로 따르다가 점차 현실을 지각하면서 본능을 조절하는 법을 배운다. 궁극적 만족을 위해서 때로 충동을 참거나 조절할 필요성이 있음을 깨닫는 것이다. 예를 들어 배가 몹시 고프더라도 눈앞에 있는 음식이 상하지 않았는지 확인해야 하며, 피곤하지만 내일 시험이 있으면 늦게까지 공부를 하기도 한다. 프로이트는 자아ego를 현실의 조절자라고 말하는데 이드를 잘 달래고, 현실 속에서 만족을 실현하기 위해 '현실원리reality principle'을 따르기 때문이다. 성숙한 사람은 자아가 통제력을 발휘하는 사람이며, 그 대상은 이드와 초자아다.

마지막으로 초자아super ego가 있다. 초자아는 규율을 배우면서 부모로부터 전달되는 사회의 목소리를 대변한다. 우리 정신에서 가장 도덕적인 부분을 관장하는 부분이 초자아다. 음식을 보자마자 먹고 싶은 욕구를 발동하는 것이 이드라면, 지금 이 음식을 먹어도 되는지 지각과 의식을 동원해 판단하는 것이 자아다. 초자아는 이때 음식을 내가 합법적으로 먹을 수 있는지, 남의 것에 함부로 손을 대는 것은 아닌지, 금기와 양심의 목소리로 작동한다. 초자아가 있다는 것은 우리가 사회 속에서 타자와 공존할 수 있다는 것을 뜻한다. 우리가 보이는 증상, 예컨대 불안이나 우울은 마음속에서 상반되는 두 충동이나 심급이 서로 다툴 때 생겨난다.

프로이트는 다음과 같이 말한다.

"히스테리 증상은 상반되는 두 가지 욕망의 충족-서로 다른 심리 체계에 원천을 두고 있는- 이 단 하나의 표현 속에서 경합하는 곳에서만 일어난다."(프로이트, 『꿈의 해석』 G.W II-III, p.575)

그러므로 증상symptom은 우리 마음이 끊임없이 갈등하며 타협도 하고 현실 속에서 쾌락 원리와 현실원리의 조화를 추구한다는 것을 보여준다. 프로이트는 이런 메커니즘을 설명하기 위해 무의식-전의식-의식으로 구성된 마음 모델을 제시한다. 외적 자극의 흔적 일부가 무의식에 쌓이고, 무의식은 전의식의 검열을 뚫고 의식적 사고와 행동에 비집고 나타난다. 꿈은 그 가운데서 가장 억압이 심한 과거 기억 흔적이 현재의 경험과 여러 표상과 어우러지면서 만들어지는 일종의 공연장이다.

영화에 적용해 본 성격분석

정신분석학이 말하는 무의식은 병리적인 증상을 통해서만 자신을 드러내는 것이 아니라 일상에서 강력하게 우리를 지배한다. 프로이트 생전 베스트셀러였던 『일상생활의 정신병리학』은 이에 관한 책으로, 1901년 출간되었다. 일상 속 특정한 단어나 이름의 일시적 망각, 말실수, 농담 등에는 속마음, 은폐된 기억들이 숨어 있다. 이런 무의식 현상은 일종의 자아의 방어 작용이다. 무의식에 초점을 맞춰서 분석하면 특정한 사람의 성격이나 행동의 진짜 동기를 설명할 수 있다. 여기서 실제 사례는 아니지만, 캐릭터가 극대화된 영화를 예로 들어 일상의 무의식을 적용해보자.

2015년 1월 한국에서 상영된 〈언 브로큰 unbroken〉이란 전쟁 영화가 있다. 유명 할리우드 배우 앤젤리나 졸리가 감독을 맡으며 화제가 된 이 영화는 '루이 잠페라니'라는 실제 인물이 겪은 체험을 다루고 있다. 2차 세계 대전에 참전한 주인공 루이는 전투기 추락 사고로 2명의 동료와 태평양에서 무려 47일간 표류한다. 그들은 죽기 직전 기적처럼 배를 만난다. 하지만 이 배는 적국 일본의 군함이었다. 포로가 된 루이는 일본으로 끌려갔다. 표류보다 더 끔찍한 시간이었다.

'새'라는 별명의 포로 수용소장 와타나베가 루이를 아주 가학적으로 괴롭히는 장면이 있다. 영화에서 주인공은 수용소 소장을 계속 '새'로 부르는데 이는 소장이 인격적 존재보단 동물처럼 느껴진다는 심리로 해석할 수 있다. '새'는 유독 루이만 지목하여 사소한 트집을 잡아 때리거나 모욕하면서 집요하게 학대하기 때문이다. 루이가 특별히 잘못을 저지르거나 문제가 있는 포로가 아닌데 말이다. 그러면서도 루이를 자신의 친구(?)라고 다정하게 말한다. 오늘날 시각으로 보면 와타나베의 광기는 흡사 소시오패스를 연상시킨다. '새'가 왜 그토록 자신을 괴롭히는지 알 수 없던 루이는 종전 후다시 일본을 방문한다. 자신을 괴롭힌 일본인들을 용서하면서 표류 시절 신에게 기도한 맹세를 지키기 위해서다. 그의 맹세는 용서였다. 모든 생명은 소중하기 때문이다. 루이는 자신을 괴롭히고 죽이려 했던 적국의 사람들을 용서하며 화해라는 쉽지 않은 길을 택한다. 그러나 '새'는 끝끝내 루이를 만나주지 않고 사죄도 하지 않는다. '새'가 왜 이런 행동을 하는지 심리를 분석하면서 이 영화를 보면 상당히 흥미롭다.

새의 심리 분석

'새'가 수용소 시절 유독 루이에게만 가혹행위를 하는 숨겨진 동기를 무의식이라는 프리즘을 들이대면 분석할 수 있다. 키워드는 열등감과 우월감이 섞인 나르시시즘적 동일시 심리다. 루이는 포로답지 않았다. 눈빛이 살아있는 강인한 존재였다. '새'는 그런 루이에게 존경과 매력을, 한편으로는 부러움을 느꼈을 것이다. 자신은 포로였던 루이보다 훨씬 우월한 존재여야 했다. 루이는 포로고, '새'는 간부였기 때문이다. 그러나 현실은 그러지 못했다. 자아는 이런 상태를 수용하지 못한다. 그러면서 소장으로서 권력을 이용해 루이를 굴복시키려 한다. 루이의 강인함을 꺾으면서 자신의 무의식적 열등감을 보상받으려는 것이다.

표면적으로는 수용소 소장과 포로라는 적대적 관계지만 무의식적 차원에서 루이는 자신을 닮은 분신이자 동경하는 인물이다. 동일시의 대상인 그에게 친근함과 동시에 미움을 느끼는 것이다. 양가감정은 오이디푸스 콤플렉스를 경험할 때 어린아이가 부모에게 느끼는 무의식적 상태로 사랑과 미움이 공존하는 심리다. 양가감정으로 분석하면 다른 수용소로 전근을 가게 되어 루이를 떠나는 '새'가 그에게 '친구'를 떠나 섭섭하다고 하는 말은 무의식적 진실이다. 만약 '새'가 루이처럼 강한 인물이었다면 오히려 루이에게 더 관대했을 수 있지만, 그의 무의식은 그렇지 못했다. 이런 좌절감이 자신도 모르게 공격성과 집착이 뒤섞인 상태로 나타났다고 볼 수 있다.

루이와 '새' 분석 사례는 부모나 자식, 애인, 친구 같은 친밀한 관계의 감정 분석에서 아주 유용하다. 사랑과 미움은 의식적 차원에서 보면 반대 감정이지만 무의식적으로는 하나의 대상에 리비도 에너지를 집중시킨다는 점에서 동일한 상태다. 실례로 사랑하는 사람에게 배신을 당하면 그에 대해 서운함과 증오가 감당할 수 없을 정도로 커지는 것도 양가감정을 통해 설명할 수 있다. 모르는 사람에게 봉변을 당하면 시간이 흐르면서 잊어버릴 수 있지만, 믿었던 누군가에게 배신을 당하면 죽을 때까지 증오가 멈추지 않는다. 또 누군가를 아주 싫어하지만, 그 사람을 자신도 모르게 좋아하고 있을 수도 있고, 호의를 베풀지만 '미운 놈 떡 하나 더 준다'라는 속담처럼 무의식적으로는 증오의 감정을 가지고 있을 수 있다.

겉으로 드러난 상태와 전혀 다른 감정이나 행동이 서로의 관계에서 위장된 형태로 표출되는 것을 정신분석에서 '전이transference'라고 부른다. 전이는 일상생활에서도 자주 나타난다. 예컨대 고등학생들이 선생님을 좋아할 때, 실은 그 사람 자체가 아니라 다른 사람(부모님이나 모델)과 닮은 점 때문에 사랑의 감정을 투사하는 것이다. 프로이트가 전이를 무의식 분석에서 중요하게 생각한 것도 그것이 무의식적 욕망의 흐름을 보여주기 때문이다. 정신분석이 말하는 무의식은 낭만주의자들이 가정하듯 인간 안에 내밀하게 자리 잡은 어떤 개인적 충동이나 감정이 아니라 인간관계 때문에 생겨난다. 우리가 사회적 삶을 살 때 느끼는 여러 갈등과 관계는 개인의 성격과 행동에도 크게 영향을 미친다. 뇌 과학이 말하는 뇌의 자율적 작용, 생존을 위해 발달한 진화론적 적응 기제로는 충분히 설명할 수 없는 개념인 것이다.

05

SIGMUND FREUD

정신분석에 대한 혐오

Berlin

프로이트 하면 오스트리아 빈이 떠오른다. 유아기부터 삶의 대부분을 빈에서 보냈으며, 초기 제자들과의 모임 역시 이곳에서 이루어졌다. 옆 나라 독일, 특히 베를린은 프로이트와 연관된 곳으로 쉽게 떠오르지 않을 것이다. 그러나 베를린은 정신분석의 역사와 프로이트의 삶을 이해하는 데 결코 간과할 수 없는 중요한 역사적 의미를 지닌 도시다.

프로이트 제자 중 가장 뛰어난 인물로 평가받았던 실질적인 수제자, 카를 아브라함은 베를린에서 활동한 정신분석학자다. 프로이트는 베를린에서 30여 번에 걸친 구강암 수술을 받았다. 왜 오스트리아 빈의 병원이 아니라 이곳을 선택했는지는 정확히 알 수 없다. 당시 베를린의 의학 수준이 빈보다 높았고, 특히 외과 관련 전문가가 많은 것이 주된 이유였을 것이다. 그러나 이런 의료 환경뿐만 아니라 베를린에 프로이트를 따르는 정신분석가가 많았다. 점점 문화적으로 편협해져가는 빈과 달리 베를린은 개방적인 문화적 중심지였다. 이곳에서 느끼는 심적 안정감도 컸을 것이다. 아브라함은 프로이트의 유아 성욕 이론을 발전시켰다. 구강기나 항문기와 같은 특정 발달 단계에 고착될 경우 그것이 이상 성욕이나 특정한 성격 장애로 발전할 수 있다는 것을 이론화하였다. 특히 그는 구강기 대상관계와 상실된 대상(주로 어머니의 젖가슴)에 대한 연구를 우울증 이론과 결합하여 개념화함으로써 프로이트의 유아 성이론을 한층 풍부하게 확장하였다. 그의 연구는 이후 멜라니 클라인의 아동 정신분석과 전前 오이디푸스 시기 애착 대상의 상실 및 멜랑콜리 연구에 지대한 영향을 미쳤다. 애도, 우울증적 위치, 편집 분열증 위치의 개념화, 대상 관계 이론의 발달 모두 아브라함이 닦아놓은 토대가 있었기에 가능했다.

1920년, 아브라함은 동료들과 함께 세계 최초로 베를린 정신분석 연구소Berliner Psychoanalytisches Institut를 설립한다. 이곳이 체계적인 종합 진료와 교육을 수행하는 기관으로 자리매김할 수 있었던 것은 아브라함의 공헌 덕분이었다. 연구소는 환자 개인 분석뿐만 아니라 저소득 환자들의 복지를 정신건강의 차원에서 접근하여 상담과 교육을 병행하였다. 이는 이후 사회복지 실천의 중요한 모델이 되었다. 이곳에는 카렌 호나이Karen Horney, 1885-1952, 오토 페니헬Otto Fenichel, 1897-1946, 빌헬름 라이히Wilhelm Reich, 1897-1957, 멜라니 클라인Melanie Klein, 1882-1960 등 이름만으로도 정신분석사의 흐름을 가늠할 수 있는 인물들이 거쳐 갔다. 연구소는 오늘날에도 베를린에서 정신분석 관련 교육과 상담을 지속하고 있으며, 4,500권 이상의 정신분석 관련 도서와 국제정신분석학회 공식 학술지International Journal of Psychoanalysis 등 주요 국제 학술 자료를 소장하고 있다. 프로이트는 훗날 수제자였던 아브라함이 폐질환으로 사망하자, 그의 죽음을 깊이 애도하며 큰 상실감을 느꼈다고 한다.

정신분석 이론에서 성은 핵심적인 위치를 차지한다. 아브라함과 그의 영향을 받은 베를린 학파는 프로이트의 성 이론을 충실히 계승하는 동시에, 이를 성격 이론, 이상 성욕, 사회적 증상 분석으로까지 확장하면서 정신분석의 이론적 발전에 기여하였다. 그러나 1930년대 이후 나치가 득세하면서 연구소는 탄압을 받게 되었고, 프로이트 역시 안전하지 않았다. 순혈주의와 게르만 도덕을 정치 이념으로 내세운 나치가 프로이트의 성 이론을 극도로 혐오했기 때문이다. 오늘날 정신분석에 대한 저항 역시 상당 부분 성에 대한 오해와 왜곡에서 비롯된 경우가 많다. 성과 관련된 논점을 제대로 이해하고 평가하기 위해서라도 정신분석의 성 이론을 정확히 재정립할 필요가 있다. 이하에서는 정신분석 성 이론의 본질과 '문명'이라는 명분 아래 가해진 나치의 박해를 살펴봄으로써 정신분석의 암흑기를 이해하고자 한다. 프로이트에 따르면 문명은 성에 대한 관계에서 비롯되었다. 바로 이 점에서 나치의 정신분석 탄압은 제도와 도덕이 어떻게 성을 통제하는지 보여주는 전형적 예시다.

정신분석 성 이론에 대한 혐오

정신분석은 인간의 성적 본능을 지나치게 강조하고, 문명(제도, 규율 등)의 성적 억압을 기초로 무의식 이론을 체계화했다는 점에 대해 비판을 받는다. 다만 이는 초기 정신분석학 내부에서부터 제기된 문제였다. 3장에서 살펴보았듯이 프로이트와 함께 초창기 정신분석 운동을 주도했던 아들러나 융과의 결별도 실은 성 이론에 대한 반감이 큰 원인이었다. 이웃 나라 프랑스에서 정신분석의 수용이 늦은 것도 같은 이유다. 시간이 상당히 흐른 오늘날에도 정신분석은 성과 공격성, 특히 유아기를 과도하게 강조한다는 비판적 인식에서 자유롭지 않다. 프로이트가 만약 융처럼 리비도를 중립적이고, 초월적인 에너지처럼 가정했더라면 정신분석이 훨씬 쉽게, 빨리 받아들여졌을 것이다. 하지만 프로이트는 죽을 때까지 인간의 모든 육체적, 심리적, 정신적 활동의 근원이 성이라는 생각을 버리지 않았다.

성을 지나치게 강조한다며 정신분석을 꺼리는 것은 당시 주류 학계나 유럽에서 일반적인 현상이었다. 정신분석 반감의 가장 극단적인 예시가 나치다. 나치는 정신분석에 대한 혐오를 드러내고, 이를 박멸하고자 하였다. 나치의 가치관과 가장 대척점에 있던 학문이 정신분석이었기 때문이다. 성적 리비도가 모든 인간 활동의 동력이고, 성을 억압하는 문명이 신경증의 근본 원인이라고 주장하는 정신분석은 인종차별과 게르만 문화의 순수성을 강조하는 나치의 세계관에 들어맞지 않았다. 나치는 자신들을 그리스, 로마에 뿌리를 둔 서구 문명의 계승자라고 생각했다. 타 인종과 결혼이나 성적 결합은 혈통적 순결 유지를 위해 금지되어야 했다. 신성하고 깨끗한 게르만 민족공동체인 게르만주의Germanism를 실제로 구현하는 것이 나치의 목적이었다. 이들이 보기에 성욕의 보편성과 쾌락 원리의 절대성을 주장하는 정신분석은 진실 여부를 떠나 정신주의를 오염시키는 사상이었다.

나치는 정신분석뿐 아니라 문학, 예술, 학문 등 유대인이라면 분야를 가리지 않고 탄압했다. 역사적 유물론과 프롤레타리아 혁명을 주장하는 마르크시즘, 동성애, 부랑자 등 모두 나치의 제거 대상이었다. 정도 차이는 있지만, 프로이트는 나치즘이 등장하기 이전에도 정신분석은 늘 푸대접을 받았다고 술회한다. 그리고 그 주된 이유로 정신분석이 인간의 정신생활에서 성 본능을 지나치게 강조했기 때문이라고 평가한다(「정신분석학에 대한 저항」 1925, p.284, 289).

프로이트는 미국 강연, 1907년 빈 의학회 등 여러 곳에서 아동의 성을 주제로 이야기했는데 일부 청중들이 소란을 피운 적도 있다. 유아부터 본래 성 충동을 지니고 있다는 주장은 당시 성 관념과 도덕의식과는 충돌하는 것이었다. 오늘날에도 성 관련 주제는 논쟁적이며, 아직까지도 금기시되곤 한다. 초기 브로이어부터 많은 학자들이 정신분석학을 떠난 것도 바로 이 때문이다. 프로이트는 자신은 과학을 얘기하는데 사람들은 마치 신성모독이라도 한 것처럼 경기를 일으킨다고 회상한다. 이러한 정신분석에 대한 반감은 프로이트의 성 이론에 대한 오해에서도 비롯되지만, 성 억압적인 문명이 근본 원인이다.

에로스_{eros}의 진정한 의미

정신분석이 말하는 성을 성적 욕망, 성관계, 성차로만 생각한다면 오산이다. 정신분석에서 성은 오히려 인간의 생명과 관련된다. 프로이트는 이런 맥락에서 성 이론이 생물학적 의미의 성적 활동에 수반되는 쾌락이나 번식적 자극이 아니라 플라톤이 말하는 더 넓은 의미의 보편적 사랑인 에로스와 같다고 말한다. 프로이트는 여러 곳에서 에로스를 철학자들이 말하는 '사랑liebe'과 동의어로 사용한다. 그리스 신화에 따르면 에로스는 천지창조 때 이미 존재했으며, 늘 모든 것을 뭉치게 하고 완전하게 하는 창조적인 힘이다. 에로스는 존재에 태생적인 결핍이 있고 이를 극복하려는 힘이 있다는 것을 전제한다. 결핍을 충족시키고 완전하게 하기 위해 타자나 대상으로 향하려는 열정이 에로스의 본질이다. 플라톤의 『향연』에서 인용한 아리스토파네스, 즉 양성 인간 신화를 읽어보면 의미가 더 분명해진다.

"내가 마음에 두고 있는 것은 플라톤이 『향연』에서 아리스토파네스의 입을 통해 제시했던 이론이다. 그것은 성적 본능의 〈기원〉을 다루고 있을 뿐 아니라 그것의 대상과 관련하여 그것의 변이 중 가장 중요한 것을 다루고 있다. [……] 마침내 제우스 신이 〈피클을 만들려고 반으로 쪼개 놓은 마가복 나무 열매와 같이〉 이들을 가르기로 결심했다. 그렇게 갈라진 연후에 〈인간의 두 쪽은 서로가 다른 반쪽을 갈망하면서 함께 모였고 하나가 되려는 열정으로 팔을 서로에게 휘감았다〉." (「쾌락 원리를 넘어서」 1920, p.935)

흩어져 있는 것을 하나 되게 하고 타자와 결합을 통해 자신을 완전하게 만들려 하는 것이 에로스의 본성이다. 여기에 더하여 프로이트는 몇 가지 전제를 덧붙인다. 프로이트가 말한 성 이론을 제대로 이해하기 위해서는 다음 세 가지를 알아야 한다.

첫 번째, 프로이트가 말하는 성은 생식 활동만이 아니라 생명 에너지인 리비도Libido에 근거한 모든 육체적 감각과 생존 활동 일반에서 느낄 수 있는 정열과 쾌락을 일컫는다. 리비도의 어원을 보면, 리비도는 육체의 비밀스럽고 원초적 차원, 특히 몸, 욕동, 죽음, 사랑, 병을 묘사하기 위해 다의적 의미로 사용되었다. 프로이트는 리비도가 갈등을 본성으로 하는 역동적 심리 기제의 토대이자 충동과 모든 대상적 관계를 가능하게 하는 근본 에너지라고 정의한다. 인간이 성적 존재라는 것은 생명 에너지 에로스로 가득 차 있다는 말과 다름없다. 리비도는 대상들에 고정되며 투여되는 에너지이기도 하지만 본성은 육체적 즐거움의 추구다. 그런데 인간에게 성은 생식이 아니라 쾌락 자체가 목적이기 때문에 얼마든지 다른 방식으로 충족할 수 있다. 프로이트가 나중에 예술, 문화 창조 등 고도의 지적 활동과 창조를 리비도의 승화로 설명하는 것도 그 때문이다.

두 번째, 인간의 성은 본능이 아니라 육체적인 것과 심리적인 것의 경계 개념인 충동Trieb, drive의 형태로 작용한다. 그러므로 인간의 성은 생물학적인 것보다는 문화와 정신적인 것에 더 큰 영향을 받는다. 정신분석은 충동의 발달을 통해 인간의 성이 갖는 특이성과 문화적 다양성의 연관성을 설명한다. 충동이란 신체의 내부에서 발원하는 강력한 추동력의 작용을 의미하는 것으로 본능과는 구별되는 인간만의 독특한 행동 양상이다. 동물이 오로지 번식을 위해 생물학적 주기에 따라 성 활동을 한다면 인간은 성 충동을 통해 생식뿐 아니라 다양한 문화적 활동을 하면서 쾌락을 만족시킨다. 그러나 충동은 본능에서 비롯되어 발전한다. 성감대란 신체의 특정 부분에서 일어나는 쾌락을 얻는 충동의 민감 지대를 말한다. 성감대는 유기체적 활동에 집중되는데, 먹는 행위를 예시로 들 수 있다. 처음에는 음식이라는 욕구 대상에서 쾌감을 얻지만, 점차 입술에서 충동과 쾌감이 발생하면서 구순 충동이 생긴다. 구순 충동은 음식뿐 아니라 말하기, 담배와 술 등 입을 통한 모든 쾌락을 추구한다.

세 번째, 성차와 성격을 포함한 인격 형성에서 오이디푸스 콤플렉스Oedipus Complex는 거세 콤플렉스와 결합해 결정적 역할을 한다. 다른 콤플렉스는 인정하지 않는다. 오이디푸스 콤플렉스란 남근기 아이가 부모에 대해 느끼는 사랑과 미움의 양가감정과 무의식적 갈등을 뜻한다.

만약 오이디푸스 콤플렉스가 성공적으로 극복되지 않으면 나중에 정신병적 요인으로 발전할 수 있다. 오이디푸스 콤플렉스는 유아기 아이가 보편적으로 겪는 사건이다. 실제 양상은 개인사와 연관되어 다양하게 전개될 수 있다. 흔히 오이디푸스 콤플렉스를 어머니를 사랑하는 아들이 아버지를 적대하고, 딸은 어머니와 경쟁하면서 아버지를 사랑하는 막장 가족드라마로 오해하기 쉽다. 실은 아이가 부모에게 매달리며 애착을 추구하는 애정이 본질이다. 영유아기 아동은 필연적으로 부모에게 의지하고 부모의 사랑에서 만족

<table>
<tr><th>남근기</th><th>오이디푸스 콤플렉스</th></tr>
<tr><td>프로이트의 유아 성 발달 이론에 따르면 구순기-항문기에 이어지는 세 번째 단계로 생후 약 3~5세 시기다. 이때 성 충동이 성기를 중심으로 발전하지만, 겉으로 보이는 남근penis에 집착하면서 성차에 관심을 둔다. 아직 대상에 대한 사랑과 이성에 대한 성적 관계가 미처 성숙하지 않은 단계지만 오이디푸스 콤플렉스가 진행되는 중요한 시점이다. 프로이트의 가정에 따르면 남아나 여아 할 것 없이 남근에 중요성을 부여하고, 그것을 기준으로 성별을 인식하기에 남근기라 불렀으며, 사춘기 이후는 성기기로 구분한다.</td><td>아이가 남근기에 겪는 부모에 대한 양가감정인 사랑과 미움이 복합적으로 작용하면서 부모에 대한 집착과 동일시가 강해진다. 오이디푸스 콤플렉스는 무의식적이고, 거의 본능적인 차원에서 이루어지지만 강력한 금기가 개입하는 것이 특징이다. 프로이트는 이러한 감정이 주로 남자아이에게 일어난다고 가정한다. 남자아이는 어머니에 대해서는 강한 사랑을, 아버지에 대해서는 경쟁심을 느끼면서도 두려워하고 이상화하기도 한다. 오이디푸스 콤플렉스는 성차와 더불어 초자아가 자리 잡는 중요한 분기점이다.</td></tr>
</table>

을 얻지만, 적절히 본능을 통제하고 금기하는 것-초자아를 배워야 건강하게 사회생활을 할 수 있다. 이것이 성 이론의 핵심인 오이디푸스 콤플렉스의 본질이다. 문화인류학에서는 금지와 규율을 통해 본능을 억제하고 다스리면서 아이가 사회화하는 과정으로도 오이디푸스 콤플렉스를 설명한다.

아동의 성장 과정에서 부모와 애착이 중요하다고 주장한 프로이트의 성 이론은 애착 이론을 창시한 존 볼비Edward John Mostyn Bowlby, 1907-1990에게 큰 영향을 미쳤다. 정신분석이 말하는 성을 상호 간 접촉과 대상에서 얻는 만족이자 이를 통해 욕망을 활성화하는 넓은 의미로 이해한다면 왜 그렇게 성을 중시하는지를 이해할 수 있다. 성에 대한 부정적 감정이나 편견은 그것을 지나치게 성기 중심의 쾌락으로 보기 때문이다. 성은 인간의 고차원적 창조를 가능하게 하는 동력이다.

존재의 세 가지 고통과 문명

우리는 에로스를 어떤 대상으로부터 얻는 감각적 쾌락 경험이 아니라 우리 삶과 문명을 이루는 근본적인 역동적 에너지로 이해해야 한다. 에로스는 창조적 힘과 에너지에 가깝다고 할 수 있다. 프랑크푸르트학파의 주요 이론가인 마르쿠제Herbert Marcuse, 1898~1979는 『에로스와 문명』에서 생의 동력으로서 인간 본능(충동)의 존재론적 함의를 말한다.

"본능은 기원과 유기적 기능으로는 정의될 수 없고, 삶의 과정에 특정한 방향을 주는 결정적인 힘, 다시 말하면 삶의 원칙으로 규정되어야 한다"(마르쿠제 2004, p.47).

문명은 에로스를 통제하고 승화된 형태로 실현하기 위한 과정에서 만들어진다는 것이 프로이트의 생각이다. 1930년 전후 프로이트가 연이어 발표한 문명에 대한 글들은 결국 인간 본성과 공동체의 기원에 대한 탐구 과정이다. 그럼 왜 성욕을 그 자체가 아니라 승화된 문명의 형태로 활용해야 할까? 긴장의 해소를 목표로 하는 성적 쾌락 추구 또한 결핍과 고통을 반복적으로 수반한다. 프로이트에 따르면 문명은 인간이 여러 자극으로부터 발생할 수밖에 없는 고통을 다스리고 통제하기 위해 만들어졌다.

그에게 문명은 자연의 엄청난 폭력에서 인간을 보호하고 안정화하기 위해 필요한 모든 활동과 자원이다. 문명의 대표적인 예시로 도구의 발명, 불의 사용이 있다. 문명은 자연 현상을 통제할 수 없는 인간의 두려움과 고통을 극복하기 위해 발달했다. 본능대로만 살 수 없다는 것, 문명의 전제 조건이다.

"문화는 인간 사회 속에 새로이 등장하는 개개인들이 사회 전체의 이익을 위해 본능충족 Triebbefriedigung의 희생을 되풀이함으로써 항상 새롭게 다시 창조되곤 한다."(『정신분석 강의』1917, p.28)

감각적 쾌락에도 결국 고통과 결핍이 따르기 때문에 고통은 불가피하다. 그래서 인간은 좀 더 안전하고 지속적인 방식으로 욕망을 추구한다. 프로이트는 1930년 출간된「문명 속의 불만」에서 인간이 겪을 수밖에 없는 세 가지 고통을 이야기(p.249)한다. 고통을 다스리기 위해 문명을 만들지만, 문명 자체가 고통의 근원이 된다는 것이 이 책의 결론이다. 세 가지 고통에 대해 살펴보자.

첫 번째는 인간이 지닌 육체에서 비롯되는 감각적 고통과 끊임없는 긴장이다. 살면서 우리는 더위와 추위, 굶주림을 겪을 수밖에 없고, 때로는 병 때문에 고통을 느낀다. 인간은 이를 다스리기 위해 여러 약제와 술 같은 흥분제를 만들었다. 추운 지방에 사는 러시아인들이 독한 보드카를 마시는 것을 떠올리면 된다. 내적 긴장에서 고통을 느낄 때 우리는 본능을 적절히 충족시키거나, 기도나 수련을 통해 절제한다.

다음으로 자연이 주는 파괴력과 가공할 만한 힘의 공포다. 천둥과 벼락, 해일, 지진과 산사태 등 자연재해 앞에서 초기 인류는 속수

무책이었다. 그러다 불을 발견하면서 인간은 과학기술을 통해 자연을 정복하기 시작한다. 불은 자연을 변화시키는 가장 강력한 도구라는 점에서 문명의 상징이다. 이것은 우리가 알고 있는 문명의 본질이기도 하다. 그러나 불은 육체의 고통이나 외부 세계가 주는 고통까지 해결할 수는 없었다. 이는 고도로 발달한 문명의 몫이었다.

세 번째, 인간관계에서 비롯되는 고통이다. 세 가지 고통 중 가장 견디기 힘들며 극복하기 어렵다. 타인의 마음은 마음대로 할 수 없기 때문이다. 사회를 떠나 혼자 지낼 수도 없다. 그러므로 타자와의 공존은 처음이다. 인간은 윤리와 도덕, 종교와 법을 통해 사회가 주는 고통을 다스리고 공동체적 결속을 강화한다. 도덕과 종교의 힘으로 인간관계를 통제하는 것이 문명의 제일 중요한 기능이다.

도구나 불, 과학이 아닌 사회제도와 그것을 뒷받침하는 도덕과 종교이 문명의 본질이라는 것, 프로이트의 번뜩이는 통찰력이 돋보이는 지점이다. 고통을 최소화하고 문명을 구축하기 위해서는 본능, 특히 성 본능의 억제가 필수적이다. 본능을 억압하며 인간은 현실 원리의 지배를 수용하고 이성적 활동을 할 수 있다. 억압의 결과가 문명의 탄생이라면, 우리는 억압을 감수할 수밖에 없다.

나치의 등장과 전체주의

프로이트는 1938년 6월 평생 살았던 빈을 떠나 런던으로 내키지 않는 망명을 떠난다. 이 시기 독일에서는 나치에 의해 유대인 대량 학살이 시작되었고, 게르만주의를 바탕으로 인종 및 사상 정화 운동이 조직적으로 퍼져나갔다. 마르크시즘, 정신분석, 문학 등 유대계 학자에 대한 나치의 탄압이 심화되면서 프로이트는 생명의 위협을 느꼈다. 사상 탄압과 인종차별주의를 기치로 삼은 나치는 선전선동을 동원해 민족주의를 극단화한 형태인 파시즘을 구현했다. 나치는 국가사회주의 독일 노동자당Nationalsozialistische Deutsche Arbeiterpartei, NSDAP을 표방했지만, 실상은 노동자를 위한 정당이 아니라 영웅 사상에 입각한 전체주의 사상을 광적으로 지지했다. 이런 극단적 파시즘 정당을 이끈 인물이 바로 오스트리아 출신 아돌프 히틀러Adolf Hitler, 1889-1945다. 배타적인 민족주의와 선민의식을 결합한 극우 전체주의 세력이 처음부터 전폭적인 지지를 받은 것은 아니었다. 제1차 세계대전이 끝나며 독일은 막대한 전쟁배상을 해야 했다. 경제는 어려워지고 민심은 흉흉해졌다. 나치당은 이 틈을 노려 급속히 팽창했다.

나치는 유럽의 오랜 통합적 상징인 '신성로마제국'의 후계자를 자처했고, 공산주의 사상가, 유대인, 장애인, 히피 등을 적대했다. 1933년 1월, 독일 총리가 된 히틀러는 인종주의를 실현하기 위한 나치의 제도적, 법적인 조치들을 동시다발적으로 시행한다. 결속력과 일체감을 강화하기 위해 히틀러는 순결한 독일을 비전으로 내세웠다. 공동체를 위협하는 적을 상정하는 전략은 효과적이었다.

히틀러는 가장 먼저 민족정화를 주창하며 유대인과 집시, 범죄자, 사회 부적응자 등을 수용할 강제 캠프를 설치했다. 이들의 인간성을 말살하기 위해 "종(種)의 오염자(유대인)", "공동체의 외부인",

"국가의 적(공산주의자)"으로 지칭했다. 아우슈비츠 수용소에서는 생산력이 없는 노약자나 어린이는 가스실에서 대량 학살했으며, 수감자들은 열악한 환경에서 강제노역, 생체 실험, 영양 결핍 등에 시달렸다. 아우슈비츠에서만 100만 명이 넘게 학살당했다. 이처럼 나치는 유대인들을 단순 격리시키지 않았다. 체계적으로 그들의 인간성을 파괴했다. 같은 해 2월, 오스트리아에도 파시즘 정권이 들어서면서 전체주의가 유럽 전반에 급속히 퍼진다. 독일 우월주의를 고무하는 나치즘과 범게르만 순수혈통 운동이 독일과 오스트리아를 휩쓸면서 대중도 광기와 집단적 선동에 휘말린다. 대중의 불안과 불만을 자양분 삼아 극우주의가 준동했고, 전쟁의 기운이 유럽 전역에서 감돌기 시작한다.

나치즘Nazism은 이탈리아의 무솔리니가 시작한 파시즘Fascism의 영향으로 발생하였으나, 인종주의와 종교지향적 성격이 훨씬 강했다. 나치당은 대중선동과 폭력을 조장하면서 적극적으로 영토 확장 전쟁을 부추겼다. 독일 대중의 정서적 일체감을 강화하기 위한 수단은 유대인이었다. 그들은 유대인을 게르만 혈통을 오염시키는 불순물로 간주했다. 이런 가운데 유대인 학자들의 학문적. 예술적 성취를 부정했는데, 베를린 분서는 이를 상징적으로 보여주는 사건이다.

나치즘의 이데올로기

나치 이데올로기를 압축적으로 보여주는 슬로건이 "하나의 국민, 하나의 국가, 하나의 지도자Ein Volk, ein Reich, Ein Führer다. (유발 하라리, 『넥서스』, p.204)"

나치는 독일 국민을 하나로 통합하기 위해 가장 극단적 형태의 인종주의와 독일 우월주의를 활용한 것이다. 이에 따라 오스트리아와 병합하면서 영토 확장과 정복을 통해 대독일주의 실현을 시도한다. 대공황 이후 제2차 세계대전 발발은 필연적이었다. 경제적 위기가 증폭되면서 자원과 영토를 독점하고 사회를 전일적으로 지배하려는 제국주의와 전체주의의 충돌이 정점으로 치달았기 때문이다. 제2차 세계대전 이후로는 이념 갈등인 동서냉전이 본격화한다.

집단적 선동에 휘말린 대중의 광기와 나치즘을 보여주는 사진

문명을 불태운 베를린 분서

1933년 5월 나치는 베를린의 훔볼트 대학 앞 베벨 광장Bebelplatz에서 프로이트, 마르크스 등 비독일적인 책으로 분류한 약 2만 5천여 종을 불태우는 '베를린 분서 사건'을 저지른다. 이 사건은 나치의 주요 학생 단체인 독일학생연합Deutsche Studentenschaft, DSt이 주도했으며, 독일 선전부Propagandaministerium 장관이었던 요제프 괴벨스Joseph Goebbels, 1897-1945의 지원 아래 독일 전역에서 자행된다. 베를린 분서는 우발적으로 발생한 사건이 아니다. 독일 국민에 대한 사상 통제를 강화하기 위해 의도적으로 계획한 나치의 퍼포먼스였다.

게르만 민족주의가 가장 고상하고 우월한 이념이 되기 위해선 자유롭고 비판적인 사고를 불온시해야 했다. 20세기 베를린 한복판에서 분서갱유가 일어난 것은 당시 나치즘은 종교와도 같았기 때문이다. 유대인 출신 시인 하인리히 하이네Heinrich Heine, 1797-1856가 그의 희곡에 남긴 "책을 불사르는 자는 이윽고 인간도 불사르게 되리라.Dort, wo man Bücher verbrennt, verbrennt man am Ende auch Menschen."라는 경구가 실현된 것이다. 실제로 프로이트는 "저들은 만약 중세였고 가능했다면 책이 아니라 나를 불태우려 했을 것이다"라고 탄식했다고 한다. 당시 나치의 광기를 생각한다면 불가능한 일도 아니다. 불태워진 책에는 유대인 사상가들, 공산주의자로 알려진 학자들 책뿐 아니라 성 관련 서적, 그리고 토마스 만Thomas Mann 같은 자유주의 문학가들의 책도 포함되었다.

현재 이 자리에는 인간의 야만성을 증언하는 책 광장이 있다. 지하에 공간을 파서 그 안에 텅 빈 책장을 두고 유리판으로 내부를 볼 수 있게 만들었다. 나치가 불태운 약 20,000권 분량의 책을 담을 수 있을 정도의 크기다. 빈 서재는 당시 불 타버린 책들과 나치에 의한 검열을 상징한다. 지금도 해마다 5월 10일 베를린 분서사건을 기억하는 추모 행사가 열린다. 나치의 야만성을 고발하고 다시는 이런 일을 되풀이하지 말자는 취지다.

베를린 분서 사건은 나치의 가혹한 군사적 통제와 야만적 폭력의 서막이다. 나치는 1935년 9월의 뉘른베르크 법을 제정하여 유대인 시민권을 박탈하고, 유대인과 결혼을 금지하는 등 이들을 철저히 고립시키는 정책을 거침없이 시행한다. 이 시기 아인슈타인 같은 유대인 출신 과학자들이 독일을 등지고 미국 등으로 망명하면서 세계사의 흐름도 바뀐다. 역사에 만약은 없지만, 만약 독일 정부가 유대인 지식인과 과학자들의 전문성을 인정해줬더라면? 원자탄 개발은 미국이 아닌 독일이 선도했을 수도 있다.

프로이트와 베를린

프로이센과 독일 제국의 수도 베를린은 당시 나치의 명실상부한 중심지였다. 수상공관, 게슈타포 본부, 베를린 스포츠 궁전 등 주요 기관들이 모두 베를린에 있었다. 1936년, 베를린에서 11회 하계 올림픽이 개최되면서 히틀러는 나치의 우월성을 과시한다.

홈볼트 대학 앞 책 광장

나치는 올림픽을 통해 선전·선동을 동원하며 아리안족의 우월성을 보여주고자 했다.

이 올림픽은 최초로 TV에서 중계되었다. 그리스 아테네 올림피아신전에서 시작해 올림픽 개최 도시까지 성화를 옮기는 성화봉송이 진행된 최초의 올림픽이기도 하다. 나치는 성화 봉송을 통해 그리스 문명의 문화와 정신이 베를린에서 꽃을 피웠다는 선전 메시지를 세계적으로 과시한 것이다. 49개국이 참가한 11회 올림픽에서 독일은 총 101개의 메달을 획득하며 1위를 차지했다. 나치는 승리의 영광을 등에 업고 분위기를 압도하려고 했다. 다만 4개의 금메달을 휩쓴 미국의 흑인 선수 제시 오언스, 일장기를 달고 출전해 마라톤 금메달을 획득한 조선인 선수 손기정 등 올림픽의 스포트라이트는 나치에게만 향하지 않았다.

베를린은 사상 차원에서 역사성이 가득한 상징적 도시다. 히틀러의 나치 같은 파시즘이 준동한 도시이기도 하지만 공산주의나 정신분석 같은 새로운 사상의 거점이 된 혁명 도시이기 때문이다. 일례로 공산주의 운동의 창시자 카를 마르크스Karl Marx, 1818-1883와 엥겔스Friedrich Engels, 1820-1895가 활동한 곳도 베를린이다. 로자 룩셈부르크Rosa Luxemburg, 1871-1919 같은 혁명가들이 이끄는 스파르타쿠스단Spartakusbund은 1919년 베를린에서 공산주의 정권 획득을 위해 스파르타쿠스 봉기를 일으켰으나 진압당하는 등 독일 공산당도 이 도시를 중심으로 활동했다. 이런 상징성 때문인지 제2차 세계 대전이 끝난 후 당시 소련과 미국이 베를린을 동서로 갈라 분할 통치했다. 베를린 장벽은 냉전을 상징하는 대표적 건축물이다.

오스트리아 빈에서 시작된 정신분석 학파도 베를린에서 활발히 활동한다. 프로이트의 제자인 칼 아브라함, 막스 아이팅곤이 주도해 1920년에 베를린 정신분석 연구소Berliner Psychoanalytisches Institut, BPI를 설립한다. 정신분석 1세대 활동가들이 빈곤층을 대상으로 무료 정신분석과 심리치료를 제공하면서 정신분석의 대중화가 시작되었다. BPI 사례는 자본주의 시대 소외와 억압에서 비롯되는 사회적 약자의 정신병리 문제가 정신분석의 주요 분석 대상이 될 수 있음을 보여준다. 사회의 심층적 구조를 이데올로기와 집단 심리 그리고 대중문화 차원에서 파고들면서 자본주의 상부구조 시스템을 비판하는 전통은 후에 프랑크푸르트학파가 이어받아 활발하게 펼쳐진다. 프랑크푸르트학파의 정신분석과 마르크시즘의 결합이라는 새로운 전통으로 발전한다. 이것은 일종의 자본주의 집단 심리와 문화에 대한 분석이라 할 수 있다.

일례로 60년대 독일 신좌파의 대부로 추앙받았던 헤르베르트 마르쿠제Marcuse, 1898-1979는 1955년『에로스와 문명』이 있다. 이 책은 성욕과 문명의 관계를 다룬 프로이트의『문명 속의 불만』에 대한 비판적 독해에 근거한다. 리비도와 쾌락원칙을 억압하면서 소외된 욕망을 주입하는 자본주의 문화와 심리적 지배 메커니즘을 폭로하고 비판한 책이다. 마르쿠제에 따르면 대중문화와 미디어를 통해 전파되는 자본주의 이데올로기는 기본적으로 존재의 생명 의지인 성적 욕망을 억압하고 에로스를 상품을 좇는 물질적 욕망으로 변질시켜 자본주의 체제를 영속화한다. 본능을 강조한 범성론으로 비판받던 정신분석의 사회 변혁적 실천 방향을 에로스의 재정립, 즉 승

화되고 해방된 에로스를 통해 제시하면서 인간해방의 실천적 가능
성을 보여준 것은 전적으로 마르쿠제의 기여다.

　베를린은 나치즘 같은 전체주의의 획일적이고 폭력적인 야수성
과 인간의 자유와 해방을 위한 사상 혁명이 대립하는 접전지로서
독특하고 역사적인 지형을 형성해왔다. 1989년 베를린 장벽의 붕
괴 이후 미국을 중심으로 뇌 과학과 신경생리 기반의 정신의학적
치료 방법이 대세로 자리 잡는다. 이후 독일은 정신분석의 중심지
가 되었고, 여러 관련 기관이 독일 전역에 생긴다. 일례로 국제정
신분석대학교 베를린International Psychoanalytic University Berlin, IPU Berlin은
2009년에 설립된 사립 대학교로, 정신분석학을 중심으로 한 심리
학 및 심리치료 교육과 연구를 제공하면서 정신분석가들을 활발하
게 육성하고 있다.

06

SIGMUND FREUD

프로이트의 최후 안식처

London

퉁명스러워 보이지만 따뜻한 나라 영국

지리적으로나 역사적으로 유럽에 속하는 영국은 정치 외교적으로 상당히 큰 영향력을 발휘한다. 그러면서도 유럽 대륙과 묘하게 다른 문화적 분위기를 풍기는 이질적 나라다. 섬이라는 지리적 조건에서 비롯되었는지 모르지만, 성격이나 집단 기질도 대륙 사람들과 꽤 다르다. 가치와 시대 정신의 원천을 이루는 철학사 측면으로도 보통 대륙의 합리론과 영국의 경험론을 분리한다. 둘은 근대 사상을 양분할 정도로 인식의 근원이나 지향점은 물론 방법론도 다르다. 길게 설명할 수 없지만, 합리론Rationalism은 프랑스의 데카르트René Descartes, 1596~1650와 네덜란드의 스피노자Baruch Spinoza, 1632~1675, 그리고 독일의 라이프니츠Gottfried Wilhelm Leibniz,1646~1716가 대표한다. 합리론은 한마디로 인간이 지닌 천부적 능력인 이성의 보편성을 주창한다.

합리론은 하나의 원리(대전제)에서 추론을 통해 결론을 끌어내는 연역법, 즉 수학적 모델을 진리 탐구 방법론으로 삼는다. 이성을 신뢰하는 합리론자들은 진리 개념의 확실성과 보편성을 강조한다.

'아는 것이 힘이다.'라는 말로 유명한 프랜시스 베이컨Francis Bacon, 1561-1626이 시조인 경험론Empiricism은 영국의 로크John Locke, 1632-1704, 스코틀랜드 출신 흄David Hume, 1711-1776 이 대표한다. 경험론은 이후 분석철학과 공리주의로 이어진다. 경험론에 따르면 지식의 근원은 감각과 지각 활동에서 비롯된 경험이다. 관찰과 실험을 중시한 경험론은 자연과학 발전에 지대한 영향을 미쳤다. 합리론과 달리 지식의 절대성과 보편 타당성을 주장하지 않는다. 경험이란 실용적이지만 지식이나 진리와 관련해서는 개인적 한계가 있기 때문이다.

섬나라 영국과 대륙의 철학은 다르다. 예를 들어 프랑스는 평등에 기반한 인권과 공동체를 지향한다. 반면 영국의 경험론은 개인의 자유를 강조한다. 대표적 경험론자인 로크의 자유 개념은 인간이 노동과 몸을 통해 성취한 것의 소유권을 배타적으로 주장한다. 때문에 자유 시장, 국가의 최소한의 간섭을 강조한다. 프랑스가 공동체 속에서 인간관계와 평등한 인간성을 지향한다면, 영국인은 개인의 활동에 기반해 자유를 최대한 누리면서 평등주의를 실현하려고 한다.

기질이 다른 영국과 프랑스는 100년 전쟁을 치르는 등 오랜 앙숙이었다. 영국인의 반골 기질이 때로 전체주의에 맞서는 강력한 동기가 되기도 한다. 나치즘이 팽배한 당시 유럽에서 나치에 가장 강렬하게 저항한 나라가 바로 영국이다. 개인의 권리와 자유를 강조하는 영국 사회의 개방적 분위기가 프로이트가 망명지로 런던을 택했던 중요한 이유였을 것이다. 이런 자유분방한 분위기는 오늘날까지 이어진다.

영국은 정신분석을 수용하면서도 독일(오스트리아), 프랑스와 다른 독특한 이론적, 실천적 전통을 만들어 나간다. 특히 오늘날 정신분석에 큰 영향을 미치는 대상 관계, 아동 정신분석, 모던 정신분석이 모두 영국에서 나왔다. 이들 이론의 공통점은 상호 관계의 긍정성과 자아의 자율적 실현과 적응을 강조하는 지극히 실용주의적이고 실천적인 목표가 강하다는 점이다.

영국의 정신분석은 실제 정신분석을 통해 프로이트 이론을 임상하고 증명하려는 점에서 정통 프로이트주의나 철학적 이론화 전통이 강한 대륙의 정신분석과는 다르다. 정신분석의 초점이 신경증으로 옮겨가면서 외면한 정신병과 성격 장애를 수용해 적극적으로 연구한 곳은 영국이었다. 이는 정신분석을 신경과학과 접목해 의학적으로 연구한 미국의 경향과 오히려 비슷하다. 프랑스의 정신분석학자 자크 라캉은 영국인들의 실용적이면서도 따뜻하며, 때론 과감하게 공리주의를 추구하는 성향을 찬양했다.

자유를 위한 영국인들의 불굴의 투쟁과 저항도 유명하다. 나와 적을 이분법으로 가르는 파시즘의 광기와 전쟁의 야수성이 유럽 전역을 유린하던 시기, 1940년 프랑스마저 나치에 항복하고 휴전 협정을 맺었다. 그럼에도 영국인들은 처칠의 지도 아래 끈질기고도 영웅적으로 저항을 이어갔다. 전세나 화력에서 절대적으로 열세였지만, 영국은 연일 런던을 폭격하며 항복을 종용한 히틀러에 굴하지 않는다. 이는 이후 미국이 전쟁에 개입하는 데 중요한 정치적 조건이 되었다. 2017년 크리스토퍼 놀란 감독의 영화 〈덩케르크 Dunkirk〉는 독일의 공세로 몰살 직전에 내몰린 영국·프랑스 연합 군 약 40만 명의 철수 작전을 모티브로 한 작품이다. "우리는 끝까 지 싸울 겁니다. 우리는 해변에서 싸울 것입니다. 우리는 상륙지에 서 싸울 것입니다. 우리는 절대로 항복하지 않을 것입니다. We shall go on to the end. We shall fight on the beaches. We shall fight on the landing grounds. We shall never surrender." 이 대사는 실제 처칠의 연설문 일부를 인용한 것이며, 당시 영국인들의 용맹한 자세를 보여준다.

처칠의 연설은 야만적인 나치에 당시 영국인들의 항쟁 의지를 보여준다. 프로이트를 추방했던 19세기 빈의 문화적 풍토는 허례와 위선이 뒤섞인 관념적 자유주의에 머물렀고, 이는 나치즘에 취약한 기반이 되었다. 반면 영국은 개인의 권리와 자유를 실제로 지키기 위한 이념과 강인함을 추구했다. 그러면서도 사상적, 도덕적 유연 성을 잃지 않았다. 자국에 도움이 된다면 엄격한 기준이나 가치에 얽매이지 않았기 때문이다. 1939년 영국의 정신과 의사들이 이른 바 '사회 부적격자'로 분류되던 이들까지도 군인으로 전쟁에 참여 할 수 있도록 허용한 것은 그 대표적인 사례다. 프로이트가 망명지 로 영국을 선택한 이유도 유연하면서도 실용적인 영국의 사고 체계 였을 것이다. 프로이트 이외에도 많은 유대인 지식인들과 정신분석 가들이 영국 또는 같은 앵글로색슨 나라 미국을 피란처로 택했다. 제2차 세계대전 당시 영국은 다른 어떤 나라보다 외국인이나 외국 의 문화에 관대했다. 그 덕에 인류 최후의 지성을 자처할 수 있었다. 영국은 나치즘에 맞선 최후의 보루였을 뿐 아니라, 정신사적으로도 자유주의의 발판이었다. 거대 이념을 지향하고 중앙집권적인 유럽식 정치체제와는 달리 영국에서는 분권과 다양성을 중시했기 때문이다.

마지막 주소지 햄스테드

런던 북부 햄스테드 지역에 가면 '프로이트 박물관'이 있다. 프로이트에 대해 잘 알지 못하는 사람들은 런던에 프로이트 박물관이 있는 게 의아할 수도 있다. 1939년, 프로이트는 막내딸 안나 프로이트가 게슈타포에 연행되어 조사를 받고 풀려나자 큰 충격을 받는다. 다음 차례는 자기가 될 것이라는 냉혹한 현실을 인정하게 된다. '자유를 찾아 인간답게 죽기 위해' 평생을 살아온 빈을 떠나 마지막 안식처 런던으로 향한다. 오래전부터 제자들은 그의 안위를 걱정해 빈을 떠나기를 권했다. 하지만 빈에서 생을 마감하고 싶었던 프로이트는 제자들의 제안을 거절했다. 사실 프로이트는 구강암 투병과 노환으로 지칠 대로 지쳐있었다. 나치의 오스트리아 병합 이후 심화된 반유대주의에 유대인 프로이트는 평생 살아온 빈을 떠날 수밖에 없었다.

평생 그를 외면하고 비주류로 냉대한 빈과 달리 런던 사람들은 프로이트를 존경과 동경의 마음으로 열렬하게 환영했다. 그들은 그가 여생을 평안하게 마칠 수 있도록 극진하게 배려했다. 당시 일화에 따르면 거의 모든 런던 택시 기사들이 프로이트의 집 주소를 알고 있었고, 그의 일거수일투족은 늘 언론의 관심 대상이었을 정도라고 한다. 죽기 전 1년간 프로이트와 가족이 머문 곳이 그의 마지막 안식처가 되었다. 짧은 기간이었지만 런던 프로이트 박물관이 프로이트 유산의 후계자가 될 수 있었던 것도 영국이 그만큼 그에게 열려있었기 때문이다.

프로이트가 생전에 사용하던 거의 모든 물건들이 이곳에 전시되어 있다. 그의 후계자이자 가장 충실한 동반자 막내딸 안나 프로이트Anna Freud, 1895-1982도 망명 후 바로 영국 국적으로 바꿨다. 그녀는 1982년 죽을 때까지 이곳에 살면서 아버지의 흔적을 지키고 아동 정신분석의 길을 개척한다. 프로이트가 인생의 거의 모든 시간을 보낸 빈에도 프로이트 박물관이 있긴 하다. 다만 런던 박물관에 비하면 상대적으로 빈약하다. 런던에 소장된 유물과 책들이 이곳에서는 사진으로만 전시되어 있기 때문이다. 빈만 방문할 때는 잘 모르겠지만 런던과 빈의 프로이트 박물관을 차례로 가 보면 차이를 확연하게 느낄 수 있다. 나도 의도치 않게 런던을 빈보다 먼저 방문했다. 빈의 텅빈 박물관이 쓸쓸하게 느껴졌다.

런던 프로이트 박물관

운영 시간 : 낮 12시-5시

휴무일 : 월요일, 화요일

홈페이지 주소 : https://www.freud.org.uk

FREUD
Sigm Freud

프로이트가 영국으로 망명할 때 짐을 싼 큰 트렁크, 그가 쓰던 모자와 지팡이가 빈 프로이트 박물관이 유일하게 보관하고 있는 실제 유물이다. 트렁크마저도 안나 프로이트에게 사정해 겨우 전시할 수 있던 것이다. 트렁크를 보면 프로이트가 빈을 떠날 수밖에 없던 상황이 떠오르는 게 아이러니하다.

런던 박물관이 위치한 동네인 햄스테드는 지하철이나 버스를 타면 런던 시내에서 그리 멀지 않다. 버스에서 내려 골목을 한참 가다 보면 동네 한구석에 프로이트 박물관이 있다. 복잡한 도시 안에 이렇게 호젓하고 아담한 곳이 있나 싶을 정도로 한가롭고 오래된 전원주택 단지 같은 곳이다. 햄스테드는 붉은 벽돌로 이루어진 고풍스러운 대저택이 즐비한 현대적인 곳이다. 매어스필드 가든 20번지. 프로이트가 죽기 전까지 살던 집 주소이자 프로이트 박물관 주소다. 프로이트가 살던 3층 집 대문 옆에 큰 간판이 있다. '이 지구상 우리의 마지막 주소지Our last address on this planet'라고 쓰여 있으며 이 글귀 밑에 프로이트의 친필 서명이 있다.

빈 프로이트 박물관
운영 시간 : 아침 10시-저녁 6시
휴무일 : 화요일
홈페이지 주소 : https://www.freud-museum.at/

Our last address on this planet!

이 글귀를 읽으면 병들어 지친 몸을 이끌고 나치를 피해 낯선 도시로 가족들을 이끌고 왔을 프로이트의 모습이 떠오른다. 가까스로 몸을 누이며, 마지막 평화를 기도하는 그를 상상하니 마음이 매우 애잔하다. 다행히 런던에서의 마지막 1년은 조용하지만 화려한 관심 속에서 순탄히 지나간다. 건물 안으로 들어가면 로비에 살바도르 달리가 그린 프로이트 초상화와 프로이트 가계도, 늑대인간 사례자가 그린 그림들이 전시되어 있다. 생전에 쓰던 가구와 각종 증명서도 볼 수 있다. 일 층 홀에서는 1938년 영국 BBC 라디오에서 진행한 영어 인터뷰를 들을 수 있다.

프로이트의 육성

인터뷰에는 정신분석으로 평생 냉대와 비웃음을 견뎌야 했던 프로이트의 소회가 담겨 있다. 이제는 그 상황이 극복되고 있다는 것에 대한 안도와 낙관, 그리고 꺾이지 않는 의지가 담담하면서도 힘찬 어조로 다음과 같이 표현되어 있다.

"나는 내가 맡은 신경증 환자들의 고통을 덜어주기 위해 신경생리학자로서 직업 활동을 시작했다. 한 선배의 영향과 나 자신의 노력을 결합하면서 나는 정신적 삶에서 무의식과 본능적 충동들의 역할에 관해 새로운 중요한 사실들을 발견했다. 이 발견들로부터 새로운 과학이자 심리학의 일부, 그리고 신경증 치료의 새로운 방법이기도 한 정신분석학이 탄생한다. 그러나 이러한 작은 행운에 대해 나는 무거운 대가를 치러야 했다. 사람들은 나의 주장을 믿지 않았으며 내 이론이 불건전하다고 생각했다. 반감은 완강했으며 지속적이었다. 그러나 마침내 나를 따르는 사람들을 얻었고, 국제정신분석 협회를 설립하는 데 성공했다. 그러나 나의 투쟁은 아직 끝나지 않았다. 내 이름은 지크문트 프로이트다."

1938년 12월 7일 영국 BBC 방송 라디오 녹음

프로이트는 당시 건강 상태가 너무 안 좋아 말하기도 힘들었으나 영어로 대본을 준비하고 직접 낭독했다. 프로그램 제작자들은 그의 상태를 걱정했지만 당당한 그의 태도에 상당히 감동했다는 후문이 있다. 독일어 악센트가 섞인 그의 영어 인터뷰는 프로이트 평생의 소회가 담겨 있어 마치 유언 같기도 하다. 짧지만 큰 울림을 준다. "작은 행운에 대해 무거운 대가를 치렀다"라는 부분이 프로이트가 평생 주류 학계에서 소외되고 망명까지 해야 했던 심정을 잘 표현하고 있다. 현재 유일하게 남아있는 프로이트의 육성이니 런던에 가게 되면 꼭 들러 보기를 바란다.

왼편의 기념품 가게를 지나 뒷마당으로 나가 보자. 뜨락으로 향한 문을 열면 꽃과 나무가 우거진 전형적인 영국식 정원이 보인다. 프로이트는 이곳에서 자주 가족들과 휴식을 취했을 것이다. 뒷마당 의자에 앉아 있으면 프로이트가 금방이라도 문을 열고 지팡이에 몸을 기댄 채 이곳으로 걸어 나올 것 같다. 프로이트 박물관은 당장 지금도 거주가 가능한 만큼 보존상태가 좋고 현대적이다.

건물 2층으로 올라가 창문으로 정원을 내려다본다. 프로이트가 쉬던 1938년의 정원이 보인다. 정원 구석 장미 응달 속에 지친 표정이지만 여전히 강렬하고 고집스러운 눈빛으로, 그러나 쓸쓸하게 죽음의 그림자를 응시하며 시가를 피우는 프로이트가 보인다. 프로이트는 구강암으로 33번에 걸친 수술을 받았지만 끝내 담배와 커피는 끊지 못했다고 한다. 혹자는 이를 비꼬아 프로이트가 구순기 집착이 대단한 성격의 소유자라고 말하기도 한다. 위대하건 평범하건 유아기의 그림자와 충동이 누구에게나 있는 법이다. 병세가 악화된 프로이트는 잘 움직이지 못했으며, 거실 집무실의 카우치, 즉 빈에서 그의 환자들이 누워 자유연상을 하던 소파에서 자주 휴식을 취했다고 한다. 그러면서도 죽을 때까지 원고를 구상하고 집필했으니 그 끈질김과 열정은 혀를 내두를 정도다. 프로이트는 남다른 고초를 겪으면서도 절대 쓰러지지 않는 결연한 삶의 의지를 가졌던 사람이다.

무의식의 극장처럼 꾸민 진료실

프로이트 가족이 머물던 매어스필드 집 전체가 개방되어 있지는 않다. 그렇지만 거실 같은 주요 공간을 직접 살펴볼 수 있고, 프로이트의 삶에 얽힌 짧은 에피소드나 공간의 의미를 설명하는 안내문을 통해 그의 삶을 충분히 상상해 볼 수 있다. 이 박물관이 정말 중요한 것은 프로이트가 빈에서 환자들을 받던 상담실 내부를 원형에 가깝게 재현해 놓았다는 점이다. 진료실 자체가 정신의학과는 다른 정신분석 임상의 고유한 원리와 지향을 잘 보여준다. 프로이트의 책상에는 여러 고대 조각상과 골동품, 그의 안경이 놓여 있다. 책상 오른편 벽 쪽에는 페르시아풍 양탄자로 덮인 카우치couch가 있고, 카우치 위에는 이집트 벽화가 걸려 있다.

프로이트 카우치couch

프로이트 카우치|couch

　사진 속 카우치는 빈에서부터 프로이트가 실제 환자들을 상담할 때 사용한 것이다. 사진에서 보듯 카우치는 한쪽에 기댈 수 있는 높은 팔걸이가 있는 가구로, 침대와 소파의 중간 형태라고 보면 된다. 18세기 무렵부터 이탈리아와 프랑스 등지에서 상류층을 중심으로 사용하기 시작했다. 프로이트는 정신분석 현장에서 처음 카우치를 사용했다. 분석가와 내담자가 마주 보고 얘기할 때 생기는 긴장이나 경직된 분위기를 피하기 위해서다. 비스듬히 누운 상태에서 내담자는 편안하게 머리에 떠오르는 생각이나 특정 이미지를 얘기하고 자유연상을 통해 분석이 진행된다. 카우치는 내담자가 분석의 주체라는 정신분석 임상 원리를 상징하는 단어로, 오늘날은 잘 사용하지 않는다.

　책상 맞은편 벽에는 프로이트가 읽었던 여러 종류의 책이 빽빽하게 꽂혀 있다. 다섯 자녀와 손자들까지 대식구가 허겁지겁 빈을 떠나느라 애지중지하던 이 물건들을 가져올 수 없었다. 프로이트가 두고온 소장품들에 몹시 애석해한다는 소식을 들은 제자들은 나치 장교들을 매수해 빈에 있는 물건 대부분을 영국으로 보내주었다. 특히 그의 제자 어니스트 존스와 나폴레옹의 후손인 마리 보나파르트가 거액의 금전과 로비를 통해 프로이트 비품 발송에 주도적인 역할을 했다. 프로이트가 이집트와 그리스의 장식품을 좋아한다는 소문을 들은 영국인들도 많은 선물을 보냈다. 이렇게 빈에 있던 카우치와 많은 물건들이 오늘날까지 런던에서 많은 관광객을 맞고 있는 데에는 여러 사람들의 도움이 있었다. 평생을 살아온 빈이 아니라 생전 마지막 1년을 보낸 런던에 프로이트 유산이 가장 많은 점이 역사의 아이러니다. 영국이 자유주의 나라였기 때문일까? 또 다른 의문이 있다. 프로이트는 왜 정신장애 환자를 맞는 진료실을 희귀하고 비싼 골동품과 조각상 같은 물건들로 장식해 놓았을까? 프로이트는 어려운 형편 속에서도 고대 골동품들을 열심히 수집했다. 집이자 집무실을 장식함으로써 손님들을 무의식의 극장으로 초대하는 모양새를 연출한 것이다. 보통 정신의학 병원 대기실에는 가구나 장식이 거의 없다. 프로이트의 진료실에는 무의식과 연관된 깊은 의미가 암시되어 있다. 장식이 단순 기호나 과시가 아니라는 의미다. 프로이트는 『꿈의 해석』 등 여러 저작에서 무의식을 종종 고대 유적과 유물에 비유했다. 오늘날도 로마에 가보면 현대식 건물들 사이로 문득문득 고대 성벽이나 건축물들의 흔적이 보인다. 현대식 건물을 헐어 버리고 땅을 깊게 파면 더 많은 고대 시대 유적들이 모습을 드러낼지도 모른다. 로마는 가장 화려하고 위대했던 서구 문명의 기원, 로마제국의 수도였다. 콜로세움을 보면 알 수 있듯 로마는 서구 건축과 문명을 천 년 이상 주도했던 도시다. 유물이 땅속에 아무리 오래 묻혀있더라도 절대 사라지지 않듯, 억압된 것은 반드시 회귀한다. 유적지는 무의식의 진리를 지형학적으로 보여주는 곳이다.

박물관이나 교회에 전시된 유물들은 시대상과 당시 사람들의 모습을 간접적으로 보여준다. 비록 모조품이라도 말이다. 프로이트는 인간의 무의식도 이처럼 의식의 틈 곳곳에 자리를 잡고 유적처럼 보일 듯 말 듯 인간 마음의 풍광을 만든다고 생각했다. 정신분석은 의식이 억압하고 감추고 있는 무의식의 흔적을 발굴하면서 해석하는 일종의 고고학 작업인 것이다. 고대 골동품이나 조각들은 대기실의 환자들이 진료를 기다리며 오래된 과거를 반추하도록 유도하는 소품이자, 무의식의 메타포다. 고대 유물이 시간을 초월해 지금 여기서 과거를 드러내는 것처럼 우리 무의식도 의식의 꺼풀을 살짝 벗겨내고 파고들면 모습을 드러낸다. 프로이트나 라캉이 로마를 유독 좋아한 것도 도시 자체가 무의식의 지형과 닮아 있기 때문일 것이다. 21세기 최신 건축물 사이로 이천 년의 숨결을 여전히 느낄 수 있는 로마는 마치 이성의 밑바닥에서 우연히 모습을 드러내는 무의식 같다.

지금 매어스필드에 프로이트는 없지만, 프로이트의 손때 묻은 유물들에서 환자를 분석하고 있는 그의 모습을 보여주고 있는 것처럼 말이다.

그림으로 복수한 달리

박물관 문을 열고 들어가면 정면에 연필 소묘로 그린 프로이트의 초상화가 걸려 있다. 이는 유명한 화가 살바도르 달리의 작품이다. 일설에 따르면 프로이트는 달리가 그린 이 그림을 끝내 보지 못했다고 한다. 흑백 초상화 속 프로이트는 지나치게 완고한 사람 같았다. 그림을 보고 그가 충격을 받을 것을 염려한 주치의 막스 슈어는 그림을 보여주지 않았다고 한다. 달리가 그린 프로이트 초상화가 이곳에 있다는 것은 상상도 못한 사실이었다. 초현실주의자 살바도르 달리Salvador Dali, 1904-1989는 1938년, 프로이트를 만나기 위해 자신의 그림들을 가지고 영국에 직접 찾아갔다. 달리는 프로이트를 존경했고, 그의 정신분석에서 얻은 영감을 작품의 모티브로 사용했다. 대가에게 직접 인정받고 싶었다. 그러나 암 수술 후유증으로 귀까지 잘 들리지 않았던 프로이트와 정신적으로 불안하던 달리의 만남은 그리 좋지 않았다. 자유분방하고 예술적 영감에 미쳐 격정적이고 집요한 달리와 종교, 예술, 철학의 본질을 환상적 세계관으로 단정하면서 거리를 둔 냉정한 과학자 프로이트의 만남은 애초부터 잘못된 만남이었을지 모른다. 달리는 정신분석의 창시자로부터 자기 작품이 지니는 정신분석적 통찰과 무의식에 기반한 초현실주의 운동의 가치에 대해 인정받고 싶었다. 하지만 프로이트는 달리의 작품이 너무 기교적이며, 무의식은 그런 예술형식으로 표현될 수 없다며 냉정한 평가를 내렸다. 그 말을 듣고 달리는 빠르게 프로이트의 초상화를 그렸다. 화가 났나보다.

그림을 보면 학자 프로이트가 떠오르기보다 어둡고 고약한 스크루지 영감을 보는 것 같지 않은가? 거침없는 데생에서는 정성보단 순간적인 감정이 뚝뚝 묻어나온다. 프로이트와 달리의 에피소드는 단순한 해프닝이 아니다. 무의식에 대해 서로 다른 관점을 가지고 있는 회화 예술과 정신분석의 독특한 관계를 상징적으로 보여주는 예시다. 달리를 비롯한 초현실주의자들은 프로이트가 평생 연구한 주제인 꿈, 죽음, 환상, 성 등을 주된 테마로 삼아 여러 가지 방법

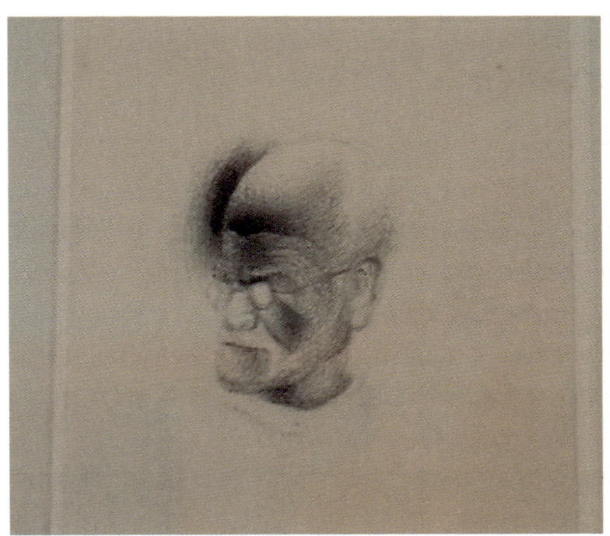

살바도르 달리 「지그문트 프로이트 초상」 1938, 목탄 드로잉

으로 표현하려고 했다. 초현실주의자들은 특히 무의식의 절대성과 일상에 침투하는 반복적 효과를 신봉했다. 자동주의Automatism 는 의식의 통제로부터 해방된 예술적 격정을 표현하기 위해 사용된 기법이다.

초현실주의와 자동기술법

앙드레 마송Andre Rene Masson 1896~1987, 이브 탕기Yves Tanguy 1900-1955 등이 주로 사용한 초현실주의의 대표적 기법으로 영어 그대로 오토마시즘으로 부르기도 한다. 자동주의를 구체적으로 실행하는 자동기술법은 의식적 통제 없이 우연한 동작이나 즉흥적 움직임을 통해 그림이나 작품을 만드는 방법이다. 에른스트가 시작한 프로타주frottage나 데칼코마니decalcomania 등은 우연적인 작품의 효과를 통해 새로운 미적 효과를 만든다는 점에서 자동기술법에 포함되기도 한다.

프로타주는 질감 있는 오브제 위에 종이를 얹고 연필이나 숯으로 문질러서 무늬를 만드는 방법이다. 데칼코마니는 한쪽에 물감을 칠하고, 다른 종이로 덮거나 문질러서 대칭 모양의 형태를 만드는 방법으로 오스카 도밍게스Oscar Dominguez 1906~1957가 개발했다. 초현실주의자들은 이런 자동주의를 무의식을 표현하는 예술적 상징으로 생각했다.

이브 탕기 「무제」 1927, 캔버스에 유화

"그림을 그리기 전에는 무엇을 그릴지 전혀 계획하지 않는다."_이브 탕기

초현실주의의 리더였던 앙드레 브르통은 초현실주의를 '순수한 정신의 자동주의'라고 정의하면서 환상이나 망상적 정신작용을 통제하고 교정하려는 당시 프랑스 정신의학에 맞섰다(헬 포스터, 33쪽). 초현실주의자들에 따르면 예술이 목표로 하는 해방은 억압된 것의 회귀다. 이들은 정신분석학이 발견하고 개념화한 환상, 반복 충동, 우연들이 새로운 미학의 원리라고 주장하며 이성의 억압에서 벗어나고자 했다. 그러나 정작 프로이트는 초현실주의자들이 매료된 자동주의나 최면이 치료와 분석의 효과적인 수단이 아니라 생각했다. 그는 무의식을 예술적으로 드러내는 작업에 별 관심이 없었다. 그럼에도 초현실주의 운동은 낯선 것의 귀한을 통해 기성 질서와 이성적 규칙을 허물었다는 의의가 있다. 죽음과 성에 대한 끌림을 통해 인간 행동을 근원적으로 지배하는 무의식의 절대성을 보여준다. 초현실주의자들과 정신분석학의 동맹은 후에 프로이트가 아닌 자크 라캉이 이룬다. 프로이트와 초현실주의자라는 조합이 잘 어울리는 듯하지만, 생전의 프로이트는 늘 예술과 철학에 대해 경계의 눈빛을 거두지 않았다. 정신분석은 과학이어야 한다고 믿었기 때문이다.

프로이트의 죽음

1939년 발간된 프로이트의 마지막 저서 『모세와 유일신교』는 런던에서 완성되었다. 훨씬 전 이미 초고를 완성했지만 여러 사정으로 차일피일 출판이 미뤄졌다. 프로이트는 이 책에서 유대교와 기독교의 발생에 대한 과감한 재해석을 시도한다. 아들(예수)의 죽음을 통한 화해는 오이디푸스 콤플렉스 도식인 친부 살해 욕망과 죄책감, 그에 대한 속죄라는 것이다. 종교의 기원과 본질이 근원적 죄책감과 유아의 오이디푸스 환상에서 비롯된 무의식에서 시작되었다는 이 책은 많은 논쟁과 소동을 불러일으켰다. 같은 유대인 지식인들마저 격하게 반응했음은 물론 기독교도 호의적이지 않았다. 유대인이었던 프로이트는 유대교가 아닌 기독교 심리를 분석한다. 죽은 아버지에 대한 근본적 죄책감에 벗어나 구원을 얻으려는 보편적 갈망, 보편적 기독교 심리는 프로이트의 연구주제였다. 이 책은 유대인으로서 이중적 위치에 속한 프로이트 스스로를 위한 변호다. 그는 소수 민족으로서 평생 차별과 모욕을 겪고 끝내 망명까지 해야 했지만, 그렇다고 유대 공동체에도 온전히 속하지 못했다. 뿐만 아니라 그의 저서는 민족적 배타성을 뛰어넘는 보편적 심리에 대한 정신분석의 새로운 믿음을 선포하고 있다. 프로이트가 『모세와 유일신교』에서 "민족의 이익으로 추정되는 것 때문에 진실을 외면해선 안 된다"라고 밝힌 것처럼 종교적 현상이라는 인류사적 진리를 집단 정신분석을 통해 드러내는 것이 그의 마지막 소원이었다. 그는 『모세와 유일신교』 출판 후 4개월 후에 사망한다. 약속과 축복의 땅 가나안으로 이끌어 이스라엘 백성들을 핍박에서 해방시켰지만 결국 이스라엘 백성에게 살해된 모세는 절대적 야훼의 대리인이자 영원한 지도자로 남아있다. 프로이트 역시 모세처럼 인간에 대한 새로운 시각과 문명에 대한 통찰을 제시한 인물로 평가받기를 소망

했을 것이다.

프로이트의 사망은 자연사가 아니다. 그의 주치의 슈어가 다량의 모르핀을 투여한 안락사였다. 이는 그의 생전 소원이었다. 여러 번의 구강암 수술을 거치며 이미 그의 육체는 피폐해질 대로 피폐해졌으며, 고통도 참을 수 없을 만큼 심해졌다. 그러나 프로이트는 한평생 투쟁 속에서 자신이 남긴 정신적 유산을 충분히 정리했다고 여겼다. 그가 담담하게 죽음을 맞이할 수 있었던 이유일 것이다. 1939년 9월 23일, 런던으로 망명을 떠나며 말한 것처럼 순전한 의지에 따라 자유로운 상태로 그는 죽음을 맞았다. 비록 생전에 그가 후계자로 삼고자 했던 알프레드 융이나 산도르 페렌치 같은 제자들은 모두 그를 떠났고 고향인 오스트리아에서도 철저하게 배척당했지만, 영국만큼은 그를 환대했다. 그리고 당시 프로이트의 곁에는 자신이 가장 신뢰하는 보호자였으며, 정신분석학이라는 왕국의 새로운 후계자가 된 막내딸 안나 프로이트가 있었다. 런던의 프로이트 박물관 3층에는 지금도 안나 프로이트가 쓰던 침대와 그의 카우치가 놓여 있다.

프로이트의 후계자 안나 프로이트

프로이트의 집무실에 비해 안나의 방은 상대적으로 작고 단출하다. 안나 프로이트Anna Freud, 1895-1982는 프로이트 사망 후 공식적인 후계자가 되어 국제정신분석연합 IPA를 이끈다. 1982년까지 매어

안나 프로이트의 카우치

스필드 가든 20번지에서 아버지의 왕국(정신분석)이 전쟁 후 세계의 지성을 차례차례 정복하는 과정을 지켜보았다. 아버지가 생전에 이루지 못한 위업을 완수하며 목격한 것이다. 여러 나라가 가입하며 규모가 커지고, 이론·임상 다양한 분야의 분석가를 양성하며 IPA는 국제적인 공인을 받는다. IPA는 현재 각국의 정신분석 학파를 공식적으로 추인하는 중요한 역할을 맡고 있다. 이는 정신분석이라는 신생 학문이 제도적으로 완결되었음을 보여주는 것이다. 사실 안나 프로이트는 지나칠 정도로 자아 심리학적인 성향과 해석에 편향되었다는 비판을 받는다. 특히 아동 분석에 어른과 동일한 방법과 원칙을 고수해서 또 다른 아동 정신분석가 멜라니 클라인과 대립하기도 했다. 자아 심리학은 프로이트의 마음 모델인 이드, 자아, 초자아의 구조에서 자아의 역할과 조정자로서 기능을 강조하는 입장이다. 때문에 분석이나 임상 치료를 통해 자아를 강화하고, 현실 적응을 통한 원활한 사회생활을 중시한다.

프로이트의 위상학에는 이드나 초자아보다 현실원칙의 대변자인 자아의 역할을 강조한다. "이드가 있던 곳으로 자아가 가야 한다 Wo Es war, Soll Ich werden"는 『새로운 정신분석 강의』의 구절처럼 말이다. IPA의 공식적 해석도 동일하다. 안나 프로이트는 자아 이상을 제시하면서 분석을 통해 이드의 원초적 욕망과 초자아의 맹목성을 조율하는 것이 결국 정신분석의 목표라고 주장한다. 이 해석은 정신분석 운동사에서 많은 논쟁을 일으켰다. 특히 프랑스의 정신분석가 자크 라캉은 자아 심리학을 프로이트 사상에 대한 배신이라고 비판하면서 새로운 욕망의 윤리를 주창하기도 한다. 그러나 학자로서의 입장과 별도로 프로이트 정신적 유산의 관리자이자 문서관리, 간호까지 도맡은 안나 프로이트의 기여는 분명하다. 안나 프로이트는 죽기 전 런던의 집을 프로이트 학회에 넘기면서 박물관으로 관리해달라는 유언을 남겼다. 그녀의 유언대로 오늘날 매어스필드 가든 20번지 집은 프로이트 박물관이 되어 해마다 수많은 방문객을 맞고 있다.

비록 프로이트는 이제 없지만, 그의 사상은 문명 속에서 여러 정신장애에 시달리는 인간의 실존적 모습을 돌아볼 수 있는 중요한 가르침이 되고 있다. 〈타임〉은 20세기 가장 위대한 과학자로 알베르트 아인슈타인과 지그문트 프로이트를 꼽았다. 위인으로서 프로이트가 아니라, 친밀하면서도 쓸쓸한 프로이트의 발자취를 좇고 싶다면 런던으로 가보자. 프로이트의 육성을 듣고, 그의 유물을 보면서 왜 정신분석학은 눈에 보이지도 않고 숨기고만 싶은 무의식이 인간 마음의 본성이라고 주장하는지 느껴보자. 프로이트는 이렇게 말할 것이다.

"들어오라 여기에도 신들이 있다. 여기에 너의 진정한 자리가 있다introite nam et hic dii sunt."

정신분석학은 프로이트가 활동하던 당시는 물론 오늘날에도 오해와 꺼림의 대상이 되기도 한다. 정신분석에 대한 가장 흔한 오해가 성을 지나치게 강조하는, 구시대적이고 쓸모 없는 학문이라는 것이다. 하지만 프로이트가 나의 투쟁이라고 표현한 것처럼 정신분석은 이성과 도덕의 껍질 속에 감추어진 인간의 진정한 본성을 들

안나 프로이트의 방

여다본다. 인간을 이해하는 새로운 세계관이자 투명한 의식이 아니라 불확실한 무의식 속에서 참된 내면이 말하는 진실을 강조하는 전복적 학문이다. 세월이 아무리 지나도 인간 내면을 역동적인 무의식을 통해 들여다본다는 정신분석의 기본적 지향은 여전히 유효하다. 인간은 이성적 존재지만 동시에 무의식의 지배를 받기 때문이다. 이성과 도덕이 본성인 것처럼 행동하는 세기말적 위선은 전쟁의 참화를 겪으며 적나라하게 본모습을 드러냈다. 감추고 억누를 수 없는 성적 본능을 외면한 결과다. 정신분석이 21세기에도 여전히 의미가 있는 이유는 인간 내면의 진실을 있는 그대로 직시하고 문명의 위선과 고통을 폭로하기 때문이다. 학문의 실용성이나 도덕적 가치 때문이 아니다.

07

SIGMUND FREUD

예술과 환상

Rom

꿈의 도시 고대 로마

프로이트가 매우 동경하면서도 그만큼 주저하던 도시, 로마. 프로이트에게 로마는 너무나 강렬하여 거의 집착하는 증상을 드러낼 만큼 특별한 장소였다.

1901년 플리스에게 보낸 편지에서 "로마는 내 어린 시절의 가장 강렬한 꿈이었다"라고 고백한 것을 보면 로마에 대한 프로이트의 심리를 짐작할 수 있다. 로마에 대한 프로이트의 이중 심리, 즉 동경하면서 꺼리는 태도는 전형적인 신경증 환자의 증상이다. 히스테리나 강박증 환자는 욕망이 강할수록 그것을 정확히 직면하지 못한다. 실현 가능한 순간을 미루거나 피하면서 더 강한 집착을 갖는 것이 전형적 증상이다. 마치 몹시 사랑하는 사람을 직접 만나면 환상이 깨질까봐 먼발치서 바라만 보는 것이다. 여행을 좋아했던 프로이트는 왜 유독 로마에 끌렸렸던 걸까?

로마는 한 마디로 무의식의 상징적 구조를 건축적으로 보여주는

로마 포럼 유적

곳이다. 현대식 건물과 공존하는 고대 성벽과 옛 건축물 조각을 보면 시간이 뒤섞인 것 같다. 현재 의식의 틈을 뚫고 얼굴만 비죽 내민 무의식의 지형도도 비슷한 느낌이다. 프로이트는『문명 속의 불만』에서 다음과 같이 비유한다.

"로마에는 현대적인 모습이 존재하지만 동시에 그 밑에는 여러 시대의 유적들이 겹겹이 쌓여 있다. 인간의 무의식도 이와 마찬가지다. 겉으로 보이는 자아는 현재의 것일지라도, 그 아래에는 과거의 경험과 기억이 층층이 쌓여 있다."

지금도 런던 프로이트 박물관의 진료실에는 '로마 포럼Foro Romano, Forum Romanum'그림이 걸려 있다. 이 그림과 그의 진료실을 가득 채운 고대, 중세 수집품들은 그곳이 마치 같은 로마 유적지처럼 느껴지게 한다. 이것이 바로 프로이트의 의도다. 로마 포럼은 고대 로마의 중심으로, 원로원과 왕궁, 그리고 여러 신을 모시는 신전, 관사와 상업 시설이 몰려 있던 번화가였다. 이곳에 가면 당시 세계를 제패한 서구 문명의 찬란한 요람 로마의 웅장한 위상과 공간을 구체적으로 상상할 수 있다. 과거 유적이 전체적으로 어우러져 매력적이고 몽환적 풍경을 만든다.

로마 포럼은 많은 훼손과 시간의 부침 속에서도 아직 기둥이나 벽 그리고 당시 조성한 길과 분수가 남아 있다. 몇몇 건물 흔적은 규모가 엄청나다. 예컨대 이곳에 있던 베누스 신전Temple of Venus and Roma은 길이가 145미터, 폭이 100미터, 높이가 29.5미터였다고 하니 압도적이었을 것이다. 이곳은 1900년에 처음 발굴되었고 지금도 발굴과 원형 보존 작업이 진행 중이다. 시장이었던 이곳은 점점 공공 행사와 공연, 볼거리가 열리며 점차 번화했다. 건물이 잇따라 들어서며 자연스럽게 로마의 중심지가 되었다. 로마 개국의 전설적 시작 알려진 팔라티노Palatino 언덕이 바로 옆이다. 그곳에서는 포럼을 한눈에 내려다볼 수 있다. 마치 고대 로마 복장의 사람들이 다닐 것 같은 착각이 들 정도로 특별한 조감이 가능한 장소다. 언덕 위에도 넓은 연회장 터가 남아 있는데 당시 로마인들의 풍요와 사치스러운 취향을 짐작할 수 있다.

포럼 바로 옆에는 테베레강Fiume Tevere이 로마를 감싸며 흐르고 있다. 원래 포럼은 강이 범람하던 습지대여서 사람이 살기 적당한 곳이 아니었다. 문명의 발달로 로마에서는 관개와 간척 사업이 시행되었고, 공간이 확대되면서 사람이 모이고 주거가 가능해졌다. 자주 발생하는 화재로 무너진 건물 위에 다시 건물을 새로 지었기 때문에 상당히 복잡한 건축 공간이 형성되었다. 로마 포럼에서 로마의 상징물인 원형 경기장 콜로세움Colosseo으로 대로가 연결되어 있다. 이 지점에 티투스 개선문Arco di Tito이 있다. 유네스코에도 등재된 티투스 개선문은 현존하는 가장 오래된 개선문이다. 파리 샹젤리제의 유명한 에투알 개선문Arc de Triomphe은 바로 티투스 개선문을 참고해 만들었다고 한다. 세월의 무게와 수차례의 자연재해를 거쳤는데도 건재한 개선문의 상태가 기적 같다.

콜로세움

로마의 사람들

　로마는 고대 유적뿐 아니라 중세 시기 건축된 바티칸 대성당과 르네상스 시대 회화 작품들, 그리고 다비드상 등 유명한 조각상 등 볼거리가 무척 풍성하다. 서구 문명의 뿌리이자 문명의 황금기 로마 제정 시대 유산이 넘쳐 난다. 이천 년이 넘는 시대의 흔적을 고스란히 담고 있는 유적이 곳곳에 있어서인지 프로이트만이 아니라 쟁쟁한 거장들이 로마에서 새로운 활력과 영감을 얻었다.

　대문호 괴테Johann Wolfgang von Goethe, 1749-1832는 1786년 약 2년 동안 로마를 포함한 이탈리아 여러 도시를 여행한다. 바이마르 공국 고문관으로 임명되어 젊은 시절부터 부와 성공을 거머쥐었던 그는 공직 생활에 권태를 느꼈다. 작가로서도 침체기를 겪었기 때문에 홀연히 이탈리아로 떠난다. 그때 쓴『이탈리아 기행기』에는 이탈리아 여행에서 느꼈던 고대 문명의 유산과 르네상스 정신에 대한 감명이 솔직하게 담겨 있다. 괴테는 여행을 통해 작가로서 생명력을 회복하고 지적 호기심을 충족시킬 수 있었다. 이 책은 단순한 여행기가 아니다. 로마에서 예술에 대한 천재적 비전을 느끼고 피폐했던 마음을 치유하면서 일어나는 대문호의 예술적 전환을 담고 있다. 괴테는 로마에 도착해서 '진정한 삶이 다시 시작된 날'이라며 벅찬 감동을 표현했다.

　로마는 르네상스의 중심지로, 이 시기를 대표하는 3대 거장인 레오나르도 다빈치Leonardo da Vinci, 1452-1519, 미켈란젤로Michelangelo Buonarroti, 1475-1564, 라파엘로Raffaello Sanzio, 1483-1520가 활동했던 곳이다. 미켈란

젤로는 성 베드로 대성당의 설계에 참여하고, 교황 율리우스 2세로부터 바티칸 시스티나 성당Sistina Cappella 천장을 장식할 그림을 그려달라는 요청을 받았다. 약 4년에 걸친 고된 작업을 통해 높이 20미터, 길이 41.2미터, 폭 13.2미터의 9개의 장면으로 이루어진 천지창조 벽화가 완성되었다. 천장뿐 아니라 바닥으로 이어지는 사각 모서리와 기둥에도 구약 성경의 여러 인물을 그렸다. 수많은 인물과 이야기로 가득 찬 장엄한 천장 벽화를 보면 어떻게 혼자서 이런 작품을 만들 수 있나 경탄밖에 느껴지지 않는다. 조각가로서도 유명한 미켈란젤로는 피에타, 다비드, 모세상 등 다양한 대표작을 남겼다.

프로이트는 1914년 미켈란젤로의 모세상에 대해 정신분석적으로 비평했다. 성경에는 시내 산에서 신에게 십계명을 받은 모세가 광적으로 우상숭배에 빠진 이스라엘 무리를 보고 화가 폭발해 돌판을 내던지는 장면이 나온다. 하지만 프로이트는 모세상의 미세한 표정과 십계명을 옆구리에 꼭 끼고 있는 자세에 주목한다. 모세는 분노를 터뜨리는 게 아니라 절제하면서 평정심을 되찾으려 애쓰고 있다는 남다른 분석을 내놓는다. 프로이트가 보기에 섬세하게 조각된 모세상은 당시 미켈란젤로 본인의 마음이 투영되어 있는데, 예술가들은 모세처럼 이드의 야수적 충동과 감정을 예술적으로 승화시키는 재능이 있다는 것이다. 우리가 예술작품을 보고 가끔 영혼이 떨리는 것 같은 전율을 느끼는 것도 작가의 이런 내면세계를 느끼기 때문이다.

예술가에게 작품은 자기 자신과도 같다. 일설에 의하면 미켈란젤로는 이 조각상을 완성한 후 도취하여 "왜 말을 하지 않는가?"라고

미켈란젤로 〈모세상〉

따졌다고 한다. 미켈란젤로의 모세상은 베드로가 로마 감옥에 갇혀 있었을 때 묶였던 쇠사슬을 보관하는 로마 산 피에트로 인 빈콜리 성당Basilica of San Pietro in Vincoli에 있다. 로마에 가면 프로이트의 글을 떠올리며 모세상을 감상해보면 좋을 것이다.

또 다른 르네상스 천재 라파엘로의 벽화 〈아테네 학당Scuola di Atene〉도 로마의 명물이다. 이 그림도 교황 율리우스 2세의 요청으로 바티칸 내부 교황의 개인 서재인 '서명의 방Stanza della Segnatura' 벽에 그린 프레스코화다. 〈아테네 학당〉에는 플라톤과 아리스토텔레스를 가운데 두고 고대부터 르네상스 시기 쟁쟁한 철학자들이 논쟁하고 있다. 그림 속 각 인물들은 각각의 사상에 맞는 상징적인 자세를 하고 있다. 라파엘로는 상상 속에서 이들을 한 자리에 모아 놓은 것이다. 자신을 포함해 당대 실제 인물 얼굴들이 그려져 있어 작가의 익살스러운 심리도 볼 수 있다. 아테네 학당의 좌우 기둥에는 이성과 지혜를 상징하는 아폴론과 아테나 석상이 있다. 이는 '철학'이라는 주제 의식을 잘 보여준다.

르네상스Renaissance의 본질은 인간성에 대한 회복이자 자연적 아름다움의 찬양이다. 단순히 고대로 돌아가려는 복고 운동이 아니다. 천년을 지배한 신 중심 세계관에 반발하여 인간성humanity 자체를 옹호하면서 고대 그리스와 로마의 자유로운 문명과 정신을 회복하자는 문예 부흥 운동이다. 자유롭고 창조적이며 힘과 무한한 상상이 넘치고 인간의 저열한 욕망도 때로는 찬양하는 르네상스 정신을 표현한 수많은 예술품이 있는 곳이 로마다. 화가와 조각가 외에 르네상스를 대표하는 문인으로는 『신곡Divina Commedia』의 저자 단테

Dante Alighieri, 1265-1321와 『데카메론Decameron』에서 인간의 욕망을 아주 사실적으로 묘사하며 풍자도 곁들인 보카치오Giovanni Boccaccio, 1313-1375도 있다.

이 외에 로마에는 바로크 시대 조각가 잔 로렌초 베르니니Gian Lorenzo Bernini, 1598-1680가 1647년부터 1652년 사이 제작한 〈성 테레사의 황홀경Ecstasy of Saint Teresa〉도 있다. 프랑스의 정신분석가 자크 라캉Jacques Lacan, 1901-1981은 이 조각상이 고통 속의 쾌락, 인간이 감당할 수 없는 황홀경인 주이상스Jouissance를 잘 보여준다고 경탄했다. 〈성 테레사의 황홀경〉 조각은 로마의 산타 마리아 델라 비토리아 성당Santa Maria della Vittoria 내부에 있다. 천재적인 작가들의 작품들과 고대 유적이 한 도시에 집약된 곳은 로마 외에는 거의 없다. 로마는 박물관이자 타임머신이다. 프로이트에게 로마는 예술과 환상, 상상의 원천지이자, 무의식을 상징하는 공간이었다. 프로이트가 왜 그토록 로마에 끌렸는지 짐작할 수 있다.

정신분석의 예술이론

프로이트에게 예술의 본질은 아이가 낯설고 두려운 세상을 상상하는 것과 같다. 내면을 투영하여 무언가를 만들거나 그려보면서 그 속에서 쾌락을 느끼는 유희 같은 것이다. 대표적 예술 형태인 글쓰기를 아동의 놀이와 비교하기도 한다.

라파엘로 〈아테네 학당〉

"우리는 놀고 있는 아이야말로 자기만의 세계를 창조하고 있다는
면에서, 혹은 좀 더 정확히 말하자면, 그 세계의 사물들을 새로운
질서에 맞추어 자신의 취향에 따라 배치하고 있다는 점에서 마치
한 사람의 시인처럼 행동한다고도 말할 수 있을 것이다."

(「작가와 몽상」 1908, 144쪽)

아동은 놀이를 통해 자신을 둘러싼 세계를 탐구한다. 세계를 자
기 것으로 만들고 지배한다. 성인이 분석을 받을 때 자유연상을 하
듯 아동은 놀이를 통해 내면의 심리를 보여주면서 세상과 관계를 맺
는다. 아이의 놀이와 예술의 차이가 있다면 예술은 사회적으로 인정
받는 심미적 차원과 감성 형식을 좀 더 세련되게 결합하는 것이다.
예술가들은 무의식적 욕망을 날 것 그대로가 아니라 미와 감성 형식
을 통해 드러내면서 쾌락 원리를 충족시킨다. 작품을 감상하는 사람
도 같은 감정을 느끼게 한다. 한 마디로 쾌락을 통제하는 현실원리
를 쾌락과 조화시키는 것이다.

"예술은 아주 독특한 방식으로 쾌락 원리와 현실원리, 이 두 가지
를 화해시킨다."

(「정신 기능의 두 가지 원칙」 1911, p.19)

결국 예술의 원천은 성적 리비도에 있다. 사회적으로 인정받는
방식으로 이를 표현하는 승화sublimation는 예술의 기능과 목적이다.
승화라는 말은 독일 낭만주의에서 빌린 것이다. 일반적인 의미의

승화는 성적인 것과 전혀 관계가 없는 단어 같다. 하지만 프로이트가 말하는 승화는 성 충동에서 비롯되는 지적 활동, 창조, 미적인 열정 메커니즘이다. 승화란 최초 성애의 강렬함이 지적, 예술적 탐구 의지로 변형되어 성적 만족을 대신하는 것이다. 프로이트는 승화의 가장 대표적 예로 레오나르도 다빈치와 도스토옙스키 두 명의 예술가를 분석한다. 승화는 환상으로 움직인다. 환상이란 의식적인 공상과 달리 무의식적 욕망이 나도 모르게 펼쳐지는 무대이자 일종의 '장면scene'으로, 정서적 충족과 만족감을 준다. 생시에 꿈을 꾸는 것과 비슷하다고 생각하면 된다. 아이일 때부터 인간은 통제 불가능한 충동을 환상을 통해 표현하면서 현실에서 얻을 수 없는 쾌감과 특별한 힘을 얻는다. 예술가는 한 마디로 환상을 현실화하는 사람이다. 예술가의 환상은 예술가 개인뿐 아니라 모두의 공감을 불러일으킨다.

"충족되지 못한 소원은 환상을 추동하는 힘이고 모든 환상은 소원의 실현이며 동시에 만족스럽지 못한 현실에 대한 보완이다."

프로이트는 예술가의 무의식적 욕망과 승화가 어떻게 작품에 연관되는지 주목한다. 프로이트가 다빈치와 그의 작품을 분석한 글을 먼저 살펴보자.

다빈치 - 오이디푸스 콤플렉스와 '독수리 환상'

프로이트는 1910년 『레오나르도 다빈치의 유년의 기억』(이하 '유년 기억')을 통해 만능 천재이자 괴짜 과학자 다빈치의 무의식적 심리를 분석한다. 레오나르도 다빈치Leonardo da Vinci, 1452-1519는 뛰어난 재능을 가진 범상치 않은 인물이다. 하지만 프로이트에 따르면 그는 늘 완벽성에 대한 집착과 불안 때문에 많은 작품을 미완성으로 남겼고, 확신이나 영감이 부족하면 붓을 내려놓고 그림 앞에서 한없이 시간을 보내는 나약한 사람이기도 하다.(『유년 기억』 p169) 특히 성에 관해 혐오에 가까운 억압과 나르시시즘Narcissism, 어머니에 대한 오이디푸스 콤플렉스적 집착이 그의 작품 세계를 관통하고 있다. 제자들과 동성애 소문도 이런 이중성 때문에 생겼다고 분석(『유년 기억』 p176)한다. 다시 말해 다빈치는 실제 동성애자는 아니지만, 어머니에 대한 과도한 동일시와 집착 때문에 자신을 닮은 미소년들을 좋아하는 것이다.

다빈치가 회상한 독수리 환상

"내가 이렇게 독수리에 대해 깊은 관심을 갖게 된 것은 이미 오래전부터인 것만 같다. 아주 어렸을 때의 기억인 것 같은데, 요람에 누워 있을 때 독수리 한 마리가 내게로 내려왔다. 독수리는 꽁지로 내 입을 열고는 여러 번에 걸쳐 그 꽁지로 내 입술을 쳤다."
스코냐밀리오의 '아틸란티쿠스 고서'.
『유년 기억』 1910, p.188에서 재인용

독수리 머리 형상을 가진
이집트의 모성 신 무트Mut

그리고 작품 세계에 반복적으로 표현되는 '여인의 미소'를 다빈치가 직접 언급한 '독수리 환상'에 근거해 유아 성욕과 환상을 분석한다. 프로이트는 여기서 독수리를 모성 상으로 해석한다. 고대 이집트인이 숭배하던 무트Mut도 독수리 환상에서 암시되는 어머니와 연관이 있다. 머리에 독수리가 장식되어 있기 때문이다. 독수리가 꽁지를 아기 입속에 밀어 넣는 장면은 전형적인 성적 이미지다. 코다coda라는 단어는 이탈리아어로 남성의 성기를 지칭하며, 무언가를 입속에 밀어 넣는 것은 구강성교의 한 장면을 연상시킨다. 프로이트가 다빈치가 동성애적 기질과 감수성을 지녔다고 보는 것은 이 지점이다. 다빈치는 여성의 위치에 본인을 대입해 수동적인 성욕을 표현하고 있다. 이렇게 분석한다면 다빈치에게 예술 행위는 자신도 모르는 은밀한 성적 충동을 예술적으로 표현하는 행위이다. 성적 충동의 대상인 어머니의 이미지가 〈모나리자〉에 잘 나타나 있다. 〈모나리자〉의 원제목은 〈라 조콘다La Gioconda〉, 즉 '명랑한 여자', '웃고 있는 여자'다. 프로이트는 평론가 무터R. Muther의 『회화의 역사』라는 책을 인용하면서 여인의 미소에 주목한다.

"관객을 사로잡는 것은 이 미소의 악마적인 매력이다. 우리에게 유혹하는 미소를 던지는 것도 같고 때로는 영혼이 없는 차가운 시선으로 허공을 응시하는 것도 같은 이 여인에 대해 수많은 시인과 작가들이 글을 썼다. 그렇지만 아무도 이 미소의 비밀을 밝히지 못했고 그 누구도 여인의 생각을 해석해 내지 못했다. 풍경에 이르기까지 모든 것이 마치 숨이 막히는 관능성으로 떨고 있는 것처럼 신비하게도 몽환적이다".

(『유년 기억』 1910, p.222-223)

한없이 다정한 모성적 느낌과 관능미가 동시에 느껴지는 신비한 여인의 미소는 다비치의 주된 모티브가 된다. 〈세례요한〉, 〈동굴의 성모〉에서도 여인의 미소를 볼 수 있다. 프로이트는 〈모나리자〉가 발표되었을 때부터 큰 반향과 수많은 사람들의 경탄을 불러일으킨 것은 이 그림이 우리 모두가 가지고 있는 오이디푸스 콤플렉스를 불러일으키기 때문이라고 말한다. 프로이트는 모두를 사로잡는 미소의 기원이 다빈치의 유아기부터 이어진 오랜 욕망과 환상에 있다고 분석한다. 여인의 미소가 계속해서 천재작가의 모티브가 된 것은 다빈치에게 최초로 사랑한 어머니에게 집착하는 오이디푸스 콤플렉스가 있었기 때문이다. 이는 다빈치가 아버지의 법적 인정을 받기 어려운 사생아였고, 두 명의 어머니(친모와 계모)의 사랑을 받은 것과도 관련이 있다. 어머니의 과분한 사랑, 행복했던 유아기에 대한 기억과 집착이 다빈치의 나르시시즘적 성향으로 이어졌다는 것이 프로이트의 분석이다.

예술과 과학적 열정의 원천 나르시시즘

원래 나르시시즘은 성학자 해브록 엘리스Havelock Ellis, 1859-1939, 정신과 의사 폴 네케Paul Näcke, 1851-1913에게 프로이트가 빌려온 개념이

레오나르도 다빈치 〈모나리자〉 1503

다. 나르시시즘은 자신에 대해 리비도를 집중하는 심리상태를 말한다. 모든 외부 대상들에 대한 리비도를 회수해 자기 자신에게 집중하는 심리적 퇴행이다. 이는 주로 정신증에서 발견되지만 신경증의 흔한 특징이기도 하다. 프로이트는 후에 이론을 수정해 자아가 자기 신체 이미지에 매료되면서 강한 애착을 느끼는 것으로 설명한다. 나르시시즘 성향은 예술가들에게 두드러진다. 나르시시즘이 강한 작가들은 작품의 인물이 자신과 닮았거나 은연중 자신을 주인공으로 내세우기도 한다. 그들에게 작품은 곧 자신을 보여주는 자화상이다. 예술성에 대한 남들의 인정은 작가 본인 대한 칭찬과 같다. 이를 통해 은밀한 욕망을 충족하며 만족을 얻는다.

다빈치의 그림은 어떠한가? 〈모나리자〉 작품 속 인물의 성별이 분명하지 않다. 컴퓨터 그래픽으로 합성한 결과 다빈치의 자화상과 일치한다는 결과가 있기도 하다.[1] 사실 여부는 정확하지 않지만, 어머니의 사랑을 받는 나르시시즘을 충족시키는 '여인의 미소'는 고갈되지 않는 소재다. 〈두 명의 성녀와 아기 예수〉는 아기를 중심으로 두 명의 여성을 한 화폭에 배치했다. 당시에는 흔하지 않았던 구조다. 프로이트는 이를 다빈치의 두 명의 어머니를 상징한다고 해석한다. 한 사람은 다빈치가 세 살에서 다섯 살 무렵까지 함께했던 친어머니인 카타리나였고, 다른 한 사람은 아버지의 정식 부인이자

---

1   특히, 미국의 예술가이자 연구자인 릴리안 슈워츠Lillian Schwartz는 컴퓨터 그래픽 분석을 통해 이 가능성을 타진하면서 〈모나리자〉 주인공이 자화상일 가능성을 제기했다. 하지만 정확히 입증되거나 수용된 의견은 아니다. 참조. Antoinette LaFarge, "The Bearded Lady & the Shaven Man: Mona Lisa, Meet Mona/Leo." Leonardo, vol. 29, no. 1, 1996, pp. 21–25.

레오나르도 다빈치 〈두 명의 성녀와 아기 예수〉 1510

젊고 다정한 계모 도나 알비에라였다.

프로이트에 따르면 오이디푸스 콤플렉스를 겪는 남자아이는 자신을 종종 어머니의 위치에 놓으면서 동일시한다. 이를 통해 자기 자신에 대한 사랑을 확인한다. 이런 콤플렉스를 지닌 인물이 성장해 자신과 유사한 인물을 사랑의 대상으로 선택한다. 이 경우 동성애는 자가 성애의 표현으로 볼 수 있다. 결국 동성애는 기억 형상에 어머니가 고착된 자들의 성애적 행동이다. 그러나 다빈치는 이를 예술적으로 승화한다. 결국 어머니의 사랑과 유아기의 집착으로 이루어진 나르시시즘이 예술적 창작과 발명의 원동력이 된 것이다.

프로이트는 『유년 기억』에서 성인이 된 다빈치가 여전히 유아기 기억과 욕망에서 벗어나지 못했다는 사실을 여러 일화로 설명한다. 다빈치는 양의 창자를 씻고 한 손에 쥘 만큼 부피를 줄인 후 풀무를 가지고 바람을 가득 채워 커다란 풍선처럼 만들면서 놀았다고 한다. 아이처럼 구는 것은 창조적 열정의 발산이기보다는 부모의 사랑에 민감한 유아적 행동일 수 있다. 승화는 과학적 창조의 원천이기도 하다. 다빈치는 탁월한 발명가이자 천재였으며, 대표적인 르네상스 예술가다. 다빈치의 이런 열정과 번뜩임은 어디에서 올까? 프로이트에 따르면 다빈치의 천재적 재능과 지치지 않는 과학적, 예술적 호기심의 원천은 성욕이다. 승화가 예술과 학문의 원동력이 되는 실증적 사례다. 〈모나리자〉〈최후의 만찬〉 같은 여러 작품들을 완성하기까지 매우 오랜 시간이 걸렸다. 프로이트에 따르면 이것 역시 일종의 성적 증상이다. 신경증자는 완전한 만족에 이르는 것을 연기하는 식으로 회피하는 경향을 보이기 때문이다.

치유로서 문학

프로이트는 1907년부터 정신분석 관점에서 문학 작품의 본질과 기능을 연구하기 시작했다. 프로이트에 따르면 문학 작품에는 작가의 욕망과 환상이 반영되어 있다. 이를 미학적으로 승화하여 표현하는 것이 문학의 기능이다. 직접 몸으로 증상을 표현하는 신경증과 다르지만, 문학과 신경증의 본질은 유사하다. 작가의 무의식적 욕망과 충동에서 작품의 주제와 등장인물의 성격을 분석하는 것을 병리적 작가론이라고 부른다. 원래 병리성은 임상적 개념이다. 임상에서는 주로 분석가의 분석 과정을 통해 무의식이 드러난다. 문학 작품은 글쓰기에 유희성과 예술적 형식의 창조가 더해진다. 소설은 작가의 자전적 임상이라고 할 수 있다. 독자는 때로 분석가의 관점에서 해석하고, 때로 작가와 본인을 동일시하면서 그 환상과 욕망에 동참한다. 작가의 삶과 작품을 연동시켜 분석할 수 있는 것도 그 때문이다.

프로이트의 병리적 작가론은 「도스토옙스키와 아버지 살해」 1928년 논문에 잘 나타난다. 그러나 고대 이탈리아와 관련을 주제로 1907년에 발간한 논문 『그라디바』에 나타난 망상과 꿈」에서도 그런 분석을 볼 수 있다. 소설 『그라디바』의 주인공 하놀트는 고고학자다. 그는 이웃집 소녀 조에 베르트강('우아하게 걷는 사람'이란 뜻)을 사랑했지만, 항상 이를 억압하고 냉담하게 군다. 그러던 어느 날 하놀트에게 불안된다. 결국 그는 여자들에 대한 모든 사랑을 금기시하고 점점 괴팍해진다. 그러다 우연히 박물관에서 고대 젊은 여성이 걸어가는 부조상에 매혹된다. 이 부조상에 "그라디바('걸어가는 소녀'라는 뜻)"라는 이름을 붙인다. 부조 여인에게 흠뻑 빠진 하놀트는 어느날 폼페이에서 그라디바를 만나는 꿈을 꾼다. 주체할 수 없는 무의식적 욕망에 이끌렸던 그는 무작정 폼페이로 떠난다. 꿈에서 그라디바는 폼페이 화산 폭발로 죽었다. 화산 폭발을 멈춰 그녀를 만나려는 환상에 끌린 것이다. 폼페이에서 하놀트는 그라디바인 듯한 여성을 만난다. 실은 그녀는 그의 어린 시절 연인 조에 베르트강이었다. 그동안의 자신의 망상을 이야기하던 하놀트는 자신이 고대의 여인이 아니라 실은 눈앞에 있는 베르트강을 사랑하고 있다는 것을 깨닫는다. 오랜 유아적 소망이 실현되는 이야기다. 여기서 소설은 일종의 치유적 기능을 한다. 작가는 망상 같은 꿈속의 환상과 소망을 미적으로 승화해 대리 만족을 얻는다. 이는 독자도 마찬가지다.

하놀트가 베르트강에게 자신의 이야기를 하며 사랑을 깨닫는 전개는 무의식의 비밀을 풀어내는 정신분석 치료 과정과 흡사하다. 심리적 원인으로 어린 시절을 억압했고 망상적 방식으로 이상화된 여인에 대해 사랑을 꿈꾸었지만, 조에 베르트강과의 현실 속 만남을 통해 진정한 사랑으로 이어졌기 때문이다.

언캐니Uncanny의 미학

정신분석의 미학과 예술관을 좀 더 자세히 살펴보자. 인간은 아름다운 것, 친숙하고 조화로운 것에 끌린다. 왜 그럴까? 인간에게 안정적 쾌감을 주기 때문이다. 플라톤의 『향연』에 따르면 에로스는 '아름다움' 혹은 '아름다움에 대한 열정'으로도 번역할 수 있다. 플라톤은 본성상 사람들은 추한 것에는 수치심을 느끼고 아름다운 것에는 열망을 갖는다고 말한다. 정의를 몰라도 우리 모두는 무언가 편함과 쾌감을 주면 좋게 생각하고, 불쾌하고 기이한 감정을 느낀다면 외면한다. 그런데 프로이트는 미적 원천이 무의식에서 기원하는 공포, 기이함에 가까운 '언캐니uncanny'라고 주장한다.

합리적인 과학에 충실했던 의학자가 '언캐니'라는 낯선 감정이 미의 원천이 될 수 있음을 주장한 것이다. 물론 프로이트와 비슷한 시기 낭만주의 성향의 19세기 철학자 카를 로젠크란츠의 '추의 미학'이 있기는 했다. 하지만 프로이트는 언캐니가 그 자체로 미학의 원천이 될 수 있다면서 한발 더 나아간다.

'언캐니'는 1919년 프로이트가 독일어로 발표한 논문 「Das Un-heimlich」에서 나온 영어 표현으로, 공포, 불안, 낯섦의 복합적인 감정과 그것을 촉발하는 대상을 말한다. 친숙한, 편한 뜻을 가진 'heimlich'에 부정의 접두사 un를 붙인 언캐니는 낯설면서 친근하고, 두려우면서도 쾌락을 불러일으키는 이중적 정서를 뜻한다.

프로이트는 자신의 기차여행 일화를 통해 이 감정을 설명한다. 기차를 타고 여행하던 중 갑자기 복도 쪽 문이 열리더니 낯선 노인이 프로이트의 객실에 들어왔다. 노인을 보고 그는 섬뜩해진다. 불쾌감과 더불어 설명하기 힘든 이상한 감정을 느꼈기 때문이다. 길을 알려주려고 노인을 다시 보니 그것은 거울에 비친 자기 모습이었다. 왜 가장 친숙한 자기 모습에 묘한 공포를 느꼈을까? 프로이트에 따르면 자신의 분신 이미지를 마주할 때 느끼는 감정이 전형적인 언캐니 현상이다. 언캐니는 평소 의식에 의해 억압된 것이 회귀할 때 느끼는 놀람과 비슷하다. 분신 이미지가 이런 감정을 일으키는 것은 미처 인지하지 못한 나의 억압된 모습을 마치 타자처럼 보여주기 때문이다.

"두려운 낯섦의 감정이 억압당한 것이고 회귀도 바로 억압당한 그곳에서부터 비롯되며, 이러한 조건을 충족시킬 때 두려운 낯섦의 감정을 유발한다는 것은 정확한 지적일 것이다."(「두려운 낯섦」 1919, p.440)

언캐니를 예술의 모티브로 응용한 이들이 초현실주의자다. 물론 초현실주의자들은 정신분석 개념에 충실하기보다 특정 측면을 과장하거나 임의로 활용했다. '오토마티즘' '경이로움' 등 예술적 모티브를 더 중시했다. 그러나 프로이트가 개념화한 '언캐니'를 중심으로 초현실주의자들의 작품을 감상하면 정신분석의 미학을 잘 느낄 수 있다.

언캐니는 억압repression과 관련이 있다. 의식이 감당하지 못하는, 자아의 수용력을 벗어나는 강한 자극은 억압을 통해 원천적으로 차단된다. 억압은 무의식의 동력이다. 하지만 억압된 것은 끊임없이 회귀하는데 우리가 그것을 두려워하면서도 욕망하기 때문이다. 억압된 것이 갑자기 유령처럼 나타나거나 반복될 때, 우리는 언캐니한 이중의 정서를 느낀다. 마치 엄청난 긴장 속에 공포영화를 보면서도 묘하게 그것에 끌리는 상황과 비슷하다. 억압의 회귀는 일상의 파열이나 전혀 새로운 모습으로 체험되기도 한다.

살바도르 달리Salvador Dali의 작품 〈가을의 카니발리즘〉을 예로 들어 보자. 이 그림에는 뒤틀리고 괴물 같은 일상, 죽음과 살육, 고향에 대한 향수, 성과 죽음 등 여러 모티브가 한꺼번에 표현되어 있다. 축약하면 그로테스크하고 언캐니한 감정을 주는 그림이다. 반죽 덩어리 같기도, 식기 같기도, 사람 같기도 한 기괴한 형상이 서로를 잡아먹으면서 합체되고 녹아내린다. 멀리 있는 풍광은 시간을 벗어나는 듯 어색하다. 만약 달리가 그림 속 대상들을 정밀하게 그리고 익숙한 구도로 배치했다면 그림이 주는 수수께끼 같은 매력과 호기심을 느낄 수 없을 것이다. 달리는 〈산속의 호수〉처럼 어떤 이미지가 이중 삼중의 다른 대상으로 보이면서 이질적인 상상력을 자극하는 그림도 즐겨 그렸다. 이 모든 것은 언캐니의 표현이기도 하다. 달리의 그림들은 묘한 성적, 공격적 충동과 죽음 그리고 고향 같은 향수와 낯선 감정을 동시에 느끼게 하기 때문이다.

예술에서 죽음의 의미

언캐니의 또 다른 모티브는 뭘까? 바로 죽음이다. 두렵고 피하고 싶은 죽음은 동시에 호기심을 자극한다. 지친 영혼을 달콤하게 유혹하며 다가오기 때문이다. 죽음은 삶의 완전한 단절이자 새로운 경험 같지만 실은 일상에서 늘 고개를 내밀고 있으며, 우리를 강력하게 유혹한다. 프로이트는 1920년 『쾌락 원리를 넘어서』를 발표하면서 삶의 충동에 대립하는 죽음충동이 인간에게 가장 내재적이고 강력하다고 강조한다. 프로이트가 말한 죽음충동이란 반복적으로 쾌락적 자극을 추구하는 유기체의 한계를 넘어 더 이상의 긴장도 욕구도 없는 상태로 돌아가려는 회귀적 충동을 말한다. 이를 '열반충동'이라고도 부른다. 죽음은 삶의 대척점이 아니다. 죽음에는 파괴적 욕망과 자학, 영면에 대한 갈망과 두려움, 강렬한 움직임과 정지의 혼합들이 섞여 있다.

초현실주의자들이 광적으로 끌렸던 단골 이미지도 죽음이다. 예컨대 르네 마그리트의 〈개의치 않고 잠자는 사람〉은 죽음, 잠, 꿈을 하나의 소재로 연결해 일상에 깃들어 있는 평온하면서도 이해 불가한 죽음의 이미지를 담담하게 표현하고 있다. 동적인 것과 정적인 것, 영원과 순간이 겹치고 뒤섞이는 혼합의 지점이 죽음이기도 하다.

사진은 특히 이런 죽음의 이미지를 잘 표현하는 시각 예술이다. 롤랑 바르트는 『카메라 루시다』에서 사진에 대해 강렬한 움직임을 고정된 이미지로 박제하고 주체를 대상으로 변화시키면서 죽음의 충동을 표현하고 있다고 강조한다. '퓰리처 사진전' 같은 전시회에서 우리가 이런 인상을 받을 때가 많다. 멈춰버린 순간이 주는 강렬함 때문에 사진은 어떤 이야기보다 강렬한 감정을 담고 있을 때가 많다.

정신분석과 예술이 탐구하는 죽음은 생물학적 소멸이나 인생의 끝이 아닌 삶의 또 다른 얼굴이자 외면하려 해도 우리를 따라오는 그림자다. 라캉Lacan. J은 죽음은 상징계, 즉 현실의 틈이자 이해 불가능한 심연으로 모든 이미지와 언어가 좌초되는 불가능의 지점이라고 했다. 경이의 대상이자 불가능한 대상, 혹은 필연성처럼 반복되는 죽음을 마주할 때 우리는 불안을 느낀다. 죽음에 대한 불안은 삶을 새롭게 보게 하는 자극이기도 하다. 그런 점에서 불안은 언캐니에 대한 인간의 직접적 체험이다. 죽음이나 환상 같은 의식을 꺼리면서도 무의식적으로 끌리는 것은 인간의 특이성이라 할 수 있다.

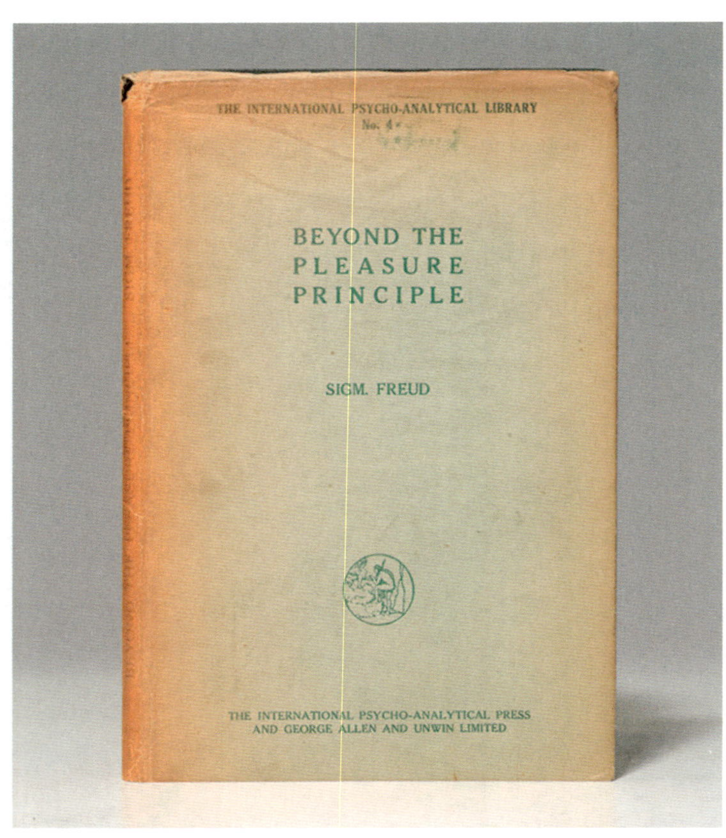

지그문트 프로이트『쾌락 원리를 넘어서Jenseits des Lustprinzips』1920년 초판본

우리 사회를 생각하다

프로이트의 발자취를 따라간 여정을 마무리하며 우리 사회에서 정신분석이 왜 여전히 유효한지 이야기하고자 한다. 내가 세운 전제는 단순하다. 모든 학문은 그 시대의 산물이며, 패러다임이 바뀌면 학문의 내용과 방법 또한 변하지 않을 수 없다. 내용이 수정되고 재해석된다 해도 그 학문이 지닌 근본적 가치는 사라지지 않는다. 철학은 가장 좋은 예다. 서양 문명의 요람이었던 그리스 시대의 풍습과 가치, 규범은 더 이상 우리의 삶과 맞닿아 있지 않지만, 인간의 본성은 달라지지 않았다. 2500년의 세월을 지난 철학은 지금도 여전히 우리에게 말을 건넨다. 플라톤과 아리스토텔레스가 말한 '정의'(조화)와 '선'(완전함) 개념은 오늘날 새롭게 정의될 수밖에 없다. 그러나 자아 성찰과 행복을 위해 인간이 목표를 세우고, 그 목표 속에서 선을 지향해야 한다는 윤리적 원칙은 오늘날에도 빛을 잃지 않는다. 정신분석 또한 마찬가지다. 한 시대를 넘어 또 다른 시대에 살아남기 위해서는 그 학문이 지닌 본질을 잃지 않으면서도 시대적 맥락 속에서 재해석하고 새롭게 확장해야 한다. 바로 그 지점에서, 정신분석은 오늘날까지 유의미하며 필수적이다.

정신분석에 대한 많은 오해와 거부감은 그것을 일종의 경전처럼 받아들이기 때문이다. 그러나 정신분석이 태동한 20세기 빈과 오늘날의 상황은 크게 달라졌다. 그럼에도 인간의 심리와 정신을 단순히 의식적 측면에서만 이해할 수 없으며, 오히려 무의식과 존재의 고통을 중심에 두어야 한다는 문제의식은 여전히 필요하다. 『문명 속의 불만』에서 프로이트가 말했듯이 인간은 문명 속에서 불가피하게 고통을 겪으면서도 그것을 벗어날 수 없다. 억압된 존재는 증상의 형태로 그리고 무의식의 언어로 다시 돌아온다. 이 사실은 변하지 않았다. 물론 오늘날 약물 치료가 중증 정신질환 치료에 크게 기여하고 있으며, 뇌의 신경학적 메커니즘 또한 과거와는 비교할 수 없을 정도로 밝혀지고 있다. 그러나 그것만으로는 인간의 심리와 정신세계를 온전히 설명할 수 없다. 풍성한 삶이 완성되었다고 단언할 수도 없다. 인간은 정해진 법칙이나 본능에 따라 기계적으로 움직이는 결정론적 존재가 아니기 때문이다. 인간은 개념과 학문적 틀로는 담아낼 수 없는 예측 불가능한 행동, 엉뚱함 그리고 불가사의한 면모를 지닌 예외적 존재다. 현대사회에서 무의식의 비밀을 탐구하는 정신분석과 실존적 진리를 탐구하는 철학이 중요한 이유다.

문명과 기술의 발달은 인간을 자유롭고 성숙한 존재로 만들지 못했다. 인간은 오히려 쾌락과 욕망에 갇혀 비판적 성찰을 잃고, 거대한 무의식적 존재가 되고 있다. 나는 프로이트의 삶과 정신분석의 역할을 바탕으로 우리 시대가 가진 특징을 세 가지로 정리하고 그에 대한 해법을 제시할 것이다.

정신분석의 창으로 보는 우리 시대

• 뇌 과학과 생물학의 시대

현재 우리 사회는 뇌 과학의 시대다. 최첨단 기술을 동원해 인간 마음의 실체를 파헤치고 인간의 욕망과 의식, 무의식 그리고 행동의 원리를 과학적 메커니즘으로 설명한다. 현대 뇌 과학은 인간 행동의 약 90%가 무의식의 지배를 받는다고 말한다. 무의식은 복잡하게 얽힌 뇌 신경망의 자율적 작용이자 생존을 위해 진화한 적응 기제라는 것이다. 이런 점에서 진화심리학과 뇌 과학은 맞닿아 있다. 대표적 진화심리학자인 데이비드 버스David M. Buss, 1953~는 "인간의 마음은 신경계에 내장된 일련의 정보처리 메커니즘으로 구성되어 있다"(p.541)라고 설명한다. 뇌 과학과 진화심리학에 따르면 무의식은 결국 뇌에 축적된 기억과 습관, 자극에 자동적으로 반응하는 정보처리 과정이다. 의식과 행위를 결정적으로 좌우하면서도 인간이 완전하게 인식할 수 없는 일종의 인지ㆍ행동적 시스템이라는 것이다. 이를 뒷받침하는 수많은 실험은 그 설득력을 더한다.

인간의 자유의지와 선택을 둘러싼 가장 유명한 실험은 미국 심리학자 벤저민 리벳Benjamin Libet이 1983년에 진행한 버튼 누르기 실험이다. 그는 우리가 의식적 결정을 내리기 약 500밀리초 전에 이미 뇌에서 행동 잠재력이 발생한다는 사실을 입증했다. 다시 말해, 우리가 결정을 내렸다고 생각하는 순간보다 먼저 무의식이 선택을 시작했다는 것이다. 이 실험은 인간의 결정이 무의식적 과정에 의해 주도된다는 점을 과학적으로 보여주었고, 철학과 논쟁을 한층 뜨겁게 만들었다. 이로 인해 인간 역시 생물학적·화학적 메커니즘에 의해 지배받는 존재라는 해석이 대세로 자리 잡았다. 리벳의 실험과 유사한 연구들은 많다. 우리가 자각하지 못하는 '역하적subliminal 작용'이나 뇌가 관철시키는 '강제 선택forced choice' 같은 과정이 무의식적으로 우리의 행동을 지배한다는 점은 분명하다. 그래서 어떤 뇌과학자들은 무의식을 '좀비 시스템zombie subsystem'에 비유하기도 한다. 그러나 무의식을 단순한 자동화 기제로만 환원할 수는 없다.

무의식은 그보다 훨씬 넓고 깊은 차원, 곧 인간 욕망의 원천이기 때문이다. 인간은 지각적·경험적 편향성에 흔들리면서도 사유하고 성찰하며 결정을 바꿀 수 있는 존재다. 그렇다고 뇌 과학이나 진화심리학, 신경과학의 성과가 잘못되었다는 것은 아니다. 다만 무의식을 자동결정적 인지 시스템에 한정하는 것은 인간 이해의 본질을 놓칠 우려가 있다. 인간은 단순한 유기적 생물체가 아니다. 인간의 사유와 지각, 행동은 환경과 교육, 사회적 맥락까지 종합적으로 고려해야 한다. 어느 하나의 메커니즘만으로는 결코 완벽히 설명할 수 없다.

프로이트가 처음에는 신경생리학자로 출발했지만, 심리학을 거쳐 결국 정신분석에 이르렀던 것도 바로 이런 문제의식 때문이다.

결국 뇌 과학의 무의식과 정신분석의 무의식은 서로 다른 차원의 연구이며, 대립하거나 배제할 것이 아니라 상호 보완적으로 이해해야 한다.

• 신과 같은 인공지능

오늘날 우리는 누가 뭐라 해도 신처럼 전지전능한 인공지능 시대에 살고 있다. 1950년, 독일의 수학자이자 비운의 천재였던 앨런 튜링Alan Mathison Turing, 1912-1954이 "기계도 인간처럼 생각할 수 있는가"라는 물음을 던진 순간부터 시작된 인공지능의 역사는 지금까지의 어떤 기술보다도 빠른 속도로 발전 중이다. 인공지능은 점점 인간의 영역을 대체하고 있다. 기술적 한계로 튜링의 발상은 오랫동안 실현되지 못했다. 하지만 2000년대에 들어 클라우드 컴퓨팅과 인터넷 확산으로 빅데이터가 등장하면서 기계 학습이 가능해졌다. 인공지능은 비로소 구체적인 실체로 자리 잡기 시작했다.

대중에게 인간을 능가할 수 있는 인지적 존재로 각인된 계기는 2016년, 세계 최정상 바둑기사 이세돌과 구글의 알파고AlphaGo가 맞붙은 세기의 대결이었다. 이 대전에서 알파고는 4승 1패로 이세돌을 꺾었다. 그 순간 인간만이 가능하다고 믿어왔던 전략적 사고와 창의성마저 기계가 구현할 수 있다는 두려운 전망이 현실로 다가왔다. 오늘날 생성형 인공지능은 인터넷을 통해 방대한 자료를 순식간에 검색·정리하고, 인공신경망을 통해 인간처럼 학습하면서 날마다 새로운 능력을 확장해 가고 있다. 이미 인간과 대화하거나 상담을 나누고, 텍스트를 요약·정리하거나 외국어로 번역한다. 심지어

작사와 작곡, 글쓰기와 그림, 사진, 영상 작업도 수행한다. 가까운 미래에 인공지능이 거의 모든 영역에서 인간을 대신하게 될 것이라는 전망은 단순한 상상이 아니라 현실적 예견에 가깝다.

미래학자 레이 커즈와일은 그의 저서 『특이점이 온다』에서 2045년쯤에는 한 대의 컴퓨터에 담긴 인공지능이 전체 인류의 지능 합계를 뛰어넘을 것이라 적었다. 자의식을 지닌 기계가 인간과 싸우고 인간을 가상공간 '매트릭스'에 가둔 채 지배하는 영화 〈매트릭스〉의 상상이 현실이 될 수도 있는 미래가 오고 있다. AI에 대한 찬반 여부를 떠나, 인공지능이 인간의 능력을 초월하며 우리의 삶을 근본적으로 바꿔가고 있다는 사실은 이제 되돌릴 수 없는 흐름이 되었다.

인공지능 시대는 우리에게 다시금 묻는다. 인간만의 고유성은 무엇인가? 인간만이 지닌 고유한 가치를 어떻게 살려낼 것인가? 동시에 인공지능 시대가 불러올 사생활 침해와 감시, 새로운 빈부격차, 소수 엘리트와 다수 대중 사이의 양극화를 어떻게 극복할 수 있을까? 인공지능이 인간을 적대하거나 지배할 수도 있는 시대에 인류는 인공지능을 어떻게 효과적으로 활용하고 공존할 수 있을까?

이 문제는 인간 본질에 관한 철학적 난제일 뿐 아니라 우리의 일상과 직결되는 질문이다. 인공지능 시대의 또 다른 특징은 오류와 편견이 오히려 더 늘어났다는 점이다. 이는 역설적으로 인공지능과 미디어, 과학기술이 발전하면서 과학만능주의에 기반한 '지식 과잉의 시대'가 열렸기 때문이다. 나는 철학자로서 인공지능 시대의 특징이 이전 디지털 시대와는 차원이 다른, 새로운 정보 시대를 열었다는 데 있다고 본다. 그러나 지식과 정보의 폭발적 축적은 그것을 독점적으로 활용하는 소수 엘리트와 주어진 지식을 무비판적으로 신봉하며 진실에서 멀어지는 대중을 갈라놓는다.

지식 과잉 시대에 인간은 분별력을 잃기 쉽다. 선동과 조작, 도그마에 휘말리며 전문가나 엘리트에게 맹목적으로 의존한다. 인터넷과 미디어의 발전으로 전 지구적이고 동시적이며 다방향적인 소통이 가능해졌음에도 가짜 뉴스, 극단적 사고, 사회적 갈등이 심화되고 있다. 각자가 자신의 주관적 믿음을 절대적 진리처럼 여기는 가운데 비판적 탐구 대신 확증 편향을 통해 맹목적 신념을 정당화하는 풍조가 두드러진다. 우리는 이미 위기의 시대, 2016년 옥스퍼드 사전이 올해의 단어로 선정한 '탈진실Post-truth'의 시대에 접어든 것이다(Camille Riquier & Quentin Duckit 2022:19). 탈진실의 시대는 세계와 인간에 대한 우리의 합리적 믿음을 뿌리째 흔들 수 있으며 인간 정신과 가치를 황폐화할 위험을 안고 있다. 이런 시대에 인간다움을 지키는 길은 오히려 끊임없이 의심하고 질문하는 것이다. 인간의 감정과 불완전성 그리고 심리에 더 깊이 천착하는 지적 훈련을 통해 존재를 새롭게 이해해야 한다. 물론 최근에는 심리상담조차 AI가 대신할 수 있다는 믿음이 퍼지고 있지만 인간의 심리는 데이터나 알고리즘, 법칙성으로 환원할 수 없다. 흔히 "인간에게 가장 쉬운 것이 인공지능에는 어렵고, 인간이 가장 어려워하는 것이 기계에는 무척 쉽다"라는 말이 있다. 인간은 지식·정보처리와 효율성에서 인공지능을 이길 수 없다. 그렇기 때문에 인간의 불완전성과 변덕스러움 그리고 슬픔·분노·공포·불안 같은 부정적 정서와 심리에 주목해야 한다. 이로부터 인간성을 규명하는 것, 오늘날 정신분석이 유효한 이유다.

• 정신병이 만연한 고통의 시대

세 번째 특징은 이러한 부정성과 맞닿아 있는 정신장애의 만연과 정신의학적 패러다임의 확산 문제다. 문명이 고도화될수록 인간 소외와 갈등은 심화되며 불안장애와 정신질환이 증가한다. 새로운 형태의 정신병리도 계속 등장하고 있다. 2021년 보건복지부의 전 국민 실태조사에 따르면, 우리나라 국민의 4분의 1 이상이 다양한 형태의 정신장애로 고통받고 있다. 물론 이 결과에는 정신적 불안정이 실제로 확산된 것도 있지만, 뇌 과학 및 약물학 발달로 과잉 의료 담론의 영향력이 커진 것도 주요한 원인이다.

정신의학은 미국정신의학회APA, American Psychiatric Association가 출간하는 『정신장애의 진단 및 통계 편람』즉 DSM, Diagnostic and Statistical Manual of Mental Disorders을 진단 기준으로 사용한다. DSM이 개정될 때마다 정신장애의 목록은 더욱 세분화되고 늘어난다. 예컨대 1980년 DSM-Ⅲ에서는 주의력결핍장애, 자폐증, 소아 양극성 장애가 새롭게 포함되었고, 1994년 DSM-Ⅳ에서는 아스퍼거 증후군과 성인 양극성 장애가 추가되었다. 최신판 DSM-5-TR Text Revision 은 진단의 표준화와 통일성을 제공하며 실제 치료에 큰 기여를 한다. 문제는 우리가 일상적으로 겪는 우울, 무력감, 불안, 망각 같은 증상을 지나치게 병리적으로 다루려는 경향이 있다는 것이다. DSM-Ⅳ 편찬 책임자이자 『정신병을 만드는 사람들Saving Normal』의 저자인 앨런 프란시스는 오늘날 DSM의 과도한 남용과 맹신이 초래한 진단 인플레이션을 강하게 비판한다. 그는 DSM의 의학적 담론이 사회적·문화적 갈등에서 비롯된 심리 증상 다수를 과도하게 질환으로 분류한다고 지적하며, 그 배후에는 다국적 제약회사의 영향력도 있다고 비판한다. 정신의학적 접근의 한계는 증상을 완화하거나 진정시키는 데 머물 뿐 인간에게 새로운 삶의 의지나 의미를 열어주지 못한다는 것이다. 따라서 단순한 질병 치료가 아니라 존재 실현을 목적으로 한 치유와 교육이 필요하다.

정신장애뿐 아니라 타자·소수자·외국인에 대한 혐오 갈등의 극단화 그리고 개인의 이기심을 정당화하는 아노미적 태도와 범죄 역시 사회 전체의 병리와 연관된 징후다. 바로 이러한 시대에 정신분석이 중요한 이유는 인간의 정신적 증상과 병리를 치료의 대상으로만 보지 않고 내적 심리에 근거해 주체적으로 바라보면서 치료할 것을 요구하기 때문이다. 강박적 행동, 신체화 증상, 우울, 망상, 감정의 극단적 기복을 단순히 병리로 치부하는 것이 아니라 인간이 겪을 수밖에 없는 실존적 징표로 이해하면서 그 속에 잠긴 억압을 읽어내는 것이 중요하다.

정신분석의 핵심 목표는 증상의 제거나 사회적 적응을 위한 단순 치료가 아니다. 오히려 인간이 겪는 심리적 고통을 불가피한 것으로 받아들이고, 그 의미를 해석함으로써 증상 속에서 주체성을 실현하는 데 있다. 달리 말해, 증상은 인간 존재 자체와 분리할 수 없다. 사회가 규정하는 건강함이나 도덕적 표준보다 개인의 내면성과 욕망을 옹호하고 실현할 수 있도록 돕는 '증상과의 동일시'가 중요하다. 여기서 증상은 단순히 제거할 병리성이 아니라, 주체의 고유성과 욕망의 원천이자 억압의 표현이라는 점에서 의미가 있다. 따라서 치료의 목표는 그 부분을 북돋아 사회 속에서 제대로 발휘될 수 있도록 돕는 것이다. 정신분석은 적응형 인간으로 개조하는 치료 담론이 아니라 주체적 삶의 실현을 강조하는 하나의 윤리에 가깝다. 프로이트가『정신분석 운동의 역사』에서 정신분석 연구와 실천은 "의사의 영역으로 제한되지 않는다"(전집 10, 64; 한스, p.173)라고 말하며 오히려 의사 출신이 아닌 비전문가를 우대했던 것도 같은 맥락이다.

정신분석은 정신의학이나 임상심리학보다는 인간을 의미를 추구하는 존재로 보며 삶의 이유와 목적을 일깨우는 로고테라피Logotherapy와 더 가깝다. 로고테라피 역시 모든 것을 병리로 환원하는 의학적 담론에 반대하며 삶의 의미를 찾도록 돕는 것을 치료의 목표로 삼는다. 물론 개인이 자유롭게 의식적으로 선택할 수 있다는 점을 강조하는 로고테라피와 달리, 정신분석은 인간이 근본적으로 무의식과 신경증에 얽매여 있다고 전제한다. 그러나 외형적 차이에도 불구하고, 인간 존재의 근본적 의미를 욕망과 실현에서 찾는다는 공통점이 있다. 정신분석은 인간의 어두움, 폭력성, 불안과 같은 부정적 정서와 무의식을 응시하면서 병리적 증상 속에서 삶의 의미를 새롭게 발견하고자 한다.

• 프로이트와 함께 생각해볼 문제

나는 철학자로서 임상적 측면보다는 사상적·윤리적 측면에 더 큰 관심을 두고 프로이트를 연구해왔다. 내가 말하는 정신분석의 의의는 개인이 문명과 공동체 속에서 어떻게 자신의 실존을 찾아 실현하며, 또 타인과 건강하게 공존할 수 있을지에 고민하는 것이다. 임상 현장에서 정신장애와 심리 문제를 진단하고 상담·분석하는 실제적 실천을 경시한다는 뜻은 아니다. 다만 그것은 나의 전문 영역이 아니며, 나의 연구는 주로 사상적 층위에 놓여 있다는 의미다. 본래 이론과 임상은 나란히 가야 하며 의료 담론에 속하지 않는 정신분석 이론은 분석가뿐 아니라 나와 같은 순수 연구자들이 더 많이 재해석하고 보완할 필요가 있다. 프로이트 또한 이 점을 깊이 고민하며 '비전문가'의 정신분석 참여와 훈련 가능성에 대해 논의했다. 그는 의사뿐 아니라 문학·철학·예술 등 다양한 분야에서 정신분석을 탐구해야 하며 "정신분석의 실행을 의사에게만 제한하고 비전문가를 배제하는 것은 더 이상 불가능하다"라고 강조한 바 있다.

　이미 3장에서 살펴보았듯이, 프로이트 이후 멜라니 클라인이 개척한 아동 정신분석학Child Psychoanalysis, 미국에서 발전한 정신역동적 치료Psychodynamic Therapy, 대상관계이론Object Relations Theory, 자기 심리학Self Psychology, 자아 심리학Ego Psychology 등이 분화되어 나왔다. 이는 모두 새로운 혁신과 학문적 적응의 결과였다. 오늘날에도 치료 모델과 임상 기법을 발전시키는 것 못지않게 정신분석의 현대적 유용성을 일상에서 확장할 수 있는 학문적 탐구와 이론적 보완이 필요하다고 본다. 그것은 결국 인간 내면의 문제로부터 개인의 정체성과 삶의 토대를 이루는 본질을 찾고, 그것을 실현해 나가도록 돕는 방향이어야 한다.

무의식과 정신병리에 주목해야 하는 이유는, 그것이 억압을 감추고 위장하면서도 다양한 방식으로 나타나는 '존재의 목소리'이기 때문이다. 정신분석은 개인을 있는 그대로 인정하면서도, 과도한 증상이 주는 고통과 제약을 넘어설 수 있도록 인간의 심층적 현실을 파고든다. 다시 말해, 정신분석의 본질은 단순한 치료가 아니다. 삶 속에서 끊임없이 되풀이되어야 할 자기 분석을 돕고, 욕망을 주체적으로 실현하도록 인도하는 것이다. 그러하기에 정신분석은 심리학적 지식이나 의료 담론으로 대체할 수 없는 고유한 학문이며, 그 목적과 역할 또한 다르다. 무의식과 인간의 부정성 속에서 새로운 가능성을 발견하기 때문이다. 이 점을 두고 프로이트는, 정신분석은 맑은 정신으로 비합리성과 싸우는 일, 곧 "악마와의 싸움"이라고 말한 바 있다(슈테판 츠바이크의 표현).

• 자기 분석과 성찰 훈련

궁극적으로 정신분석이 일차적으로 겨누어야 할 목표는 자기 분석과 성찰 훈련이다. 자기 분석과 성찰은 앞서 말한 인공지능 시대에 인간다움을 지키고, 주체로 서기 위해 꼭 필요한 과정이다. 지식의 극대화와 상상하기 어려울 정도의 정보처리 능력을 상징하는 인공지능은 인간의 고유성이라 믿어왔던 이성과 사유의 활동을 대신하며 새로운 지식 지배의 시대를 열고 있다. 그러나 이 지식 지배란 삶의 의미를 탐구하는 진리 추구가 아니라 도구적 지식을 맹목적으로 찬양하면서 알고리즘과 미디어를 통해 과잉 정보를 제공하고 사고력을 마비시키는 방식이다. 동시에 자본주의적 과잉 생산과 소비를 통해 향락적 삶에 인간을 길들이기도 한다.

소비사회에서 욕망은 존재를 이해하고 성찰하며 진정한 자유를 추구하기보다, 쾌락과 안락을 좇는 감각적 삶에 익숙해지도록 만든다. 소비는 미디어를 통해 문화 형태로 강요되며, 보드리야르가 지적했듯 인간관계마저 기호와 논리 그리고 상품 경제의 체계 속으로 편입된다. 소비는 당연히 강요된 미덕이 되고, 쾌락과 향락을 추구하는 욕망은 진정한 욕망이 아니라 결국 '소유하는 삶'의 또 다른 표현일 수밖에 없다.

성찰이 부재한 사회에서 인간은 미신적·주술적 사고와 확신을 보장해주는 망상적 이념에 더욱 쉽게 끌린다. 오늘날 점점 강해지는 주관적 가치와 신념의 맹목적 신봉, 즉 집단극화Group Polarization 현상이나, 불안을 해소하기 위해 사이비 종교와 극단적 정치 운동에 빠져드는 현실은 이를 잘 보여준다. 내가 보기에 근대에는 특정한 이데올로기와 이를 구현한 영웅적 엘리트의 선동에 의해 대중이 획일화되고 통제 불가능한 폭민Mob으로 변했다면, 오늘날에는 인공지능과 유튜브 같은 미디어를 매개로 도구적 지식의 은밀한 확산 속에서 반지성주의적 풍토가 재현되고 있다. 이러한 반지성주의를 극복하기 위해서는 무엇보다도 진정한 주체성 회복이 필요하다. 정신분석의 관점에서 그 출발점은 곧 자기 분석이다. 여기서 자기 분석이란 단순히 치료적 회복을 목표로 하는 대인 정신분석과 달리, 내면의 욕망과 나만의 고유한 가치를 탐구하며 개인적 소명을 발견하는 과정이다. 인간은 본래 자신이 소중한 이유, 살아야 할 이유를 찾는 존재이며, 무의식을 이해할 때 비로소 진정한 자기 자신을 알 수 있다.

일상에서 어떻게 자기 분석을 실천할 수 있을까? 그 대표적인 방법 가운데 하나가 바로 꿈 분석이다. 꿈은 무의식이 우리에게 보내는 메시지이며, 이를 통해 기본적인 욕망과 내적 갈등을 읽어낼 수 있다. 물론 스스로 꿈을 해석하면 저항이나 전이적 왜곡이 불가피하다. 그러나 꾸준히 꿈을 기록하고 성찰하는 노력만으로도 무의식이 말하려는 단서를 포착할 수 있으며, 더 깊은 의미는 숙련된 분석가의 정신분석이나 상담을 통해 드러날 수 있다. 프로이트도 이 점을 강조하며 이렇게 말했다. "누군가 나에게 어떻게 하면 정신분석가가 될 수 있느냐고 묻는다면, 나는 자기 자신의 꿈을 연구함으로써 가능하다고 답할 것이다."(『정신분석에 대하여』). 그리고 자기 분석과 성찰을 더욱 깊이 하려면 자크 라캉이 말했듯 인문학적 감수성과 교양이 필요하다. 이를 위해 공부와 탐구는 필수적이며, 바로 이것이 내가 철학적 정신분석에 매달리는 이유이기도 하다.

• 에로스와 욕망에 기반한 연대

공동체와 사회를 위한 해법 역시 마찬가지다. 그것은 곧 우리 공동체가 간직한 오점과 상처, 그리고 오랫동안 감추고 억압해온 부정적 정서와 결점을 직면하고 고치려는 용기에서 출발한다. 인간은 본성상 완전한 평화와 정의를 실현할 수 없다. 끊임없이 상처를 주고받으며 때로는 감정에 휘둘려 파괴적 행동을 서슴지 않는 이드적 존재이다. 따라서 마음속 어두운 부분을 없애거나 이상적으로 개조하려는 시도보다는, 그것을 정확히 인식하고 그 안에서 새로운 가능성을 찾아내 긍정적 방향으로 추구하는 것이 필요하다.

1930년대 국제연맹의 의뢰로 이루어진 아인슈타인1879-1955과 프로이트의 서신 교환은 이 점을 잘 보여준다. 전쟁의 원인과 평화의 방법을 묻는 아인슈타인에게 프로이트는 인간에게는 공격적 본성, 즉 타나토스(죽음 충동)가 있어 폭력과 전쟁은 불가피하다고 답한다. 그러나 동시에 인간은 또 다른 본성, 곧 에로스를 지니고 있으며, 이를 통해 유대와 공동체성을 강화함으로써 충동을 긍정적 방향으로 전환할 수 있다고 말한다. 결국 사랑이야말로 공동체 치유에 필요한 힘이라는 것이다. 이를 위해서는 먼저 자기 존재와 타인을 있는 그대로 긍정하고 수용하는 태도가 필요하다. 욕망은 인간적 관계를 무조건 전제하기 때문에 공동체가 파괴되는 곳에서 올바른 욕망의 실현은 불가능하다. 욕망은 개인적 속성이 아니라 관계적 지향성이다. 이를 위해 공동체는 욕망의 실현이 가능한 환경이 되도록 에로스적 연대와 협력을 강화해야 한다.

마지막으로 중요한 것은 능력이 아니라, 우리 삶에 대한 의지와 진정한 긍정이다. 칸트의 말처럼 윤리적 실천은 '할 수 있어서 하는 게 아니라 마땅히 해야 하기 때문에' 할 수 있는 것으로 생각해야 한다. 인간은 시시포스처럼 정상에 끝내 도달하지 못하는 비극적 운명을 타고났다. 그러나 노예처럼 체념하는 존재가 아니라, 포기하지 않고 끝내 바위를 굴려 올리려는 존재다. 니체가 말했듯, 인간은 고통과 상처, 그리고 유한한 한계 속에 놓여 있지만 그것을 긍정하면서 운명을 사랑하는 태도, 곧 "아모르 파티amor fati"를 실천해야 한다. 프로이트가 모든 인간은 신경증적 존재라고 단언했듯, 나 또한 이 책을 읽는 모두에게 말하고 싶다.

"아프고 연약한 나의 모습이야말로, 나를 빛내는 아름다움의 원천이다."

막스 폴락 〈책상 앞 지그문트 프로이트 초상〉 1914, 에칭

지그문트 프로이트의 키워드

01 무의식unconsciousness

프로이트에 따르면 정신분석학psychoanalysis은 겉으로 보이는 행동이나 심리가 아니라 심층의 무의식을 탐구하고 이를 통해 인간의 삶과 욕망을 이해하는 과학이다. 무의식은 별도의 실체가 아니라 이성의 또 다른 얼굴로 주로 억압된 표상(이미지, 기억 흔적)으로 이루어진다. 억압이란 의식의 영역에 접근을 못 하게 원천 차단하는 정신 과정이다. 무의식은 어느 순간 의식의 영역에 전혀 나타나지 않는 특정한 사유와 감정을 지칭하지만, 일상에서 끊임없이 증상, 말실수, 망각, 농담 들을 통해 힘을 드러낸다. 무의식을 만드는 억압의 대상은 강렬한 성적 자극이나 공격적 충동처럼 사회가 통제하고 금기하는 것으로 모든 인간 활동의 뿌리를 이룬다.

02 꿈dream

꿈은 오랫동안 신비한 계시나 특별한 정신 현상, 아니면 정반대로 뇌의 정리 작업에서 발생하는 큰 의미 없는 기억작업처럼 인식되었다. 그러나 프로이트는 꿈이 무의식에 이르는 왕도라고 선언하면서 꿈을 통해 무의식을 읽는 방법을 연구해 『꿈의 해석』을 세상에 내놓는다. 꿈에 대한 프로이트의 관심은 상담 중 자신의 꿈에 관해 자발적으로 이야기하는 히스테리 환자들에서 비롯되었다. 프로이트는 꿈의 중요한 메시지는 겉으로 드러난 꿈 내용이 아니라 이것을 만드는 꿈 사고라고 말하면서 꿈은 평상시 우리가 경험하는 정신증에 가깝다고 말한다. 꿈의 내용은 대부분 환상, 욕망, 의식적으로 이해할 수 없는 내용으로 이루어진다. 오늘날도 꿈은 정신분석에서 환자를 이해하는 중요한 수단이다.

03 콤플렉스Complex와 오이디푸스 콤플렉스 Oedipus Complex

콤플렉스는 개인에게 보이는 특정한 감정적 반응이나 두드러진 사유 패턴을 설명하기 위해 칼 융이 사용한 개념인데 프로이트는 이 개념이 다소 모호하다며 잘 사용하지 않았다. 프로이트 학파는 거세 콤플렉스나 아버지 콤플렉스처럼 유아기에 중요한 인간관계에서 개인이 자기 위치와 관련되어 드러내는 심리적, 그리고 특정한 사고방식을 일컬을 때만 쓴다. 콤플렉스라는 말이 함축하듯 양가성이 특징인데 대표적인 것이 남근기 아이가 경험하는 오이디푸스 콤플렉스다. 프로이트의 고백에 따르면 어린 시절 자신이 부모님에게 느낀 사랑과 미움의 심리가 있었으며 이를 그리스 오이디푸스 신화에 빗대어 모든 아이가 갖는 보편적 염원으로 설명한다. 오이디푸스 콤플렉스는 성 발달 과정에서 소멸되지만 인격과 성차 형성에 지대한 역할을 한다.

04 이드id

프로이트는 초기부터 인간의 마음 구조를 연구했고 무의식, 전의식, 의식의 삼중 층위로 설명했다. 그러나 1920년부터 각 구조가 서로 갈등하고 타협도 하는 역동적 차원을 강조하기 위해 이드, 자아, 초자아를 인격에 빗대 개념화한다. 프로이트에 따르면 이드는 우리 마음의 최초이자 기원이 되는 것으로 무한한 만족을 추구하는 쾌락 원리에 충실하다. 인간에게 있는 원초적 욕구는 주로 성적이고 공격적인데 이것을 프로이트는 라틴어 삼인칭 명사를 따서 이드라고 명명한다. 이드는 성장 과정에서 좀 더 효율적으로 만족을 추구하기 위해 자아와 초자아로 분화되지만 그 영향력은 막강하며 인간 활동의 원천이다.

05 자아ego

인간은 동물과 달리 본능을 늘 사회 속에서 길들이고, 통제하면서 충족시킨다. 이런 가운데 외부 현실을 인식하고 행동을 조절하는 과정을 담당하는 것이 자아다. 자아는 이드의 욕구를 합리적 방식으로 충족시키기 위해 고도의 의식 작용을 발달시키는 데 기억, 판단, 추론, 개념화 들이 그것이다. 프로이트에 따르면 자아는 이성과 상식을 대변한다. 흔히 자아가 강하면 합리적이고 냉정하게 행동하지만 지나치게 현실에 안주할 수도 있고, 스스로를 보호하기 위해 여러 방어기제를 발동한다. 방어기제는 자신을 합리화하거나 내면의 감정이 드러나는 것을 방어하기 위한 자아의 보호 활동이다. 예컨대 화가 났을 때 엉뚱한 대상에 그것을 돌리는 투사나 감당하기 힘든 적대적 공격성이 드러나려고 하면 대상에게 더 의도적으로 친절하게 행동하는 반동 형성을 들 수 있다.

06 초자아super-ego

초자아는 흔히 양심과 도덕 같은 가치 부분을 담당하는 마음의 한 부분이다. 자아에서 발달하며 부모로부터 전해지는 사회적 목소리를 내면화하면서 발달한다. 자아가 이드를 달래고 협력한다면 초자아는 강력하게 이드나 자아를 통제하고 비난하기도 한다. 문명사에서 도덕이나 종교는 인간이 자신의 행동을 효과적으로 통제하고 강력한 동기를 부여하는 효과적인 수단인데 프로이트는 그 중심에 아버지의 이마고, 즉 아이에게 사랑과 보호를 약속하면서도 잘못했을 때 강하게 처벌하는 아버지의 상이 있다고 본다. 아버지의 상에서 비롯된 초자아는 왜 인간이 지도자를 따르고, 초월적 가치에 매료되는지 그리고 도덕이 어떻게 형성되는지 그 기원을 설명한다. 초자아는 엄한 얼굴과 아이가 닮고 싶어하는 이상적 모습 두 가지를 가지고 인간의 사회적 관계에서 작용한다.

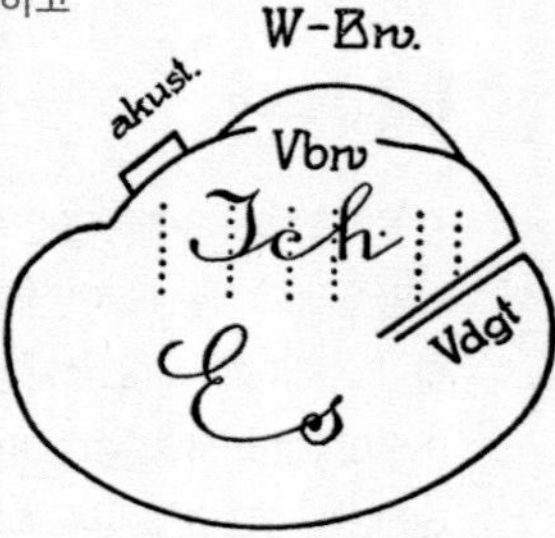

프로이트 『이드와 자아』
1923년 판본에 수록된 도식

07 성 충동sexual drive

프로이트 정신분석학이 오랫동안 학계에 의해 비판받고, 대중적 저항이 컸던 이유는 성에 중요성을 지나치게 부여하는 범성론으로 이해되었기 때문이다. 그러나 프로이트는 인간의 성은 생식 활동이 아니라 쾌락 추구 자체에 목적이 있으며, 육체를 보존하고 활력을 주는 생명 에너지까지 포함한다고 범위를 넓힌다. 진화론이 얘기하는 자기 보존과 종족 번식의 두 원리처럼 인간 욕망의 본질은 성이라는 것이다. 성 충동은 본능과 달리 그것을 충족시키는 과정에서 2차로 발달하기 때문에 문화 그리고 개인의 성장사와 밀접하게 연관된다. 성 충동은 끊임없이 인간을 움직여 육체적 만족뿐 아니라 고도의 정신적 쾌락을 추구하는 동력으로 정신적인 것과 신체적인 것이 연합해 만든다. 구순기, 항문기, 남근기, 성기기를 거치면서 발달한다.

08 신경증neurosis : 히스테리와 강박

프로이트는 우리 모두를 신경증 환자라고 했다. 신경증은 본래 신경 계통의 질병, 즉 생리적 이상으로 정의되었다. 그러나 프로이트는 이것이 심리적 갈등과 관련되며, 무의식적인 것이 신체 반응, 예컨대 마비, 수축, 경련처럼 나타나기도 하고, 특정한 관념, 예컨대 과도한 위생 관념이나 의식에 집착하는 강박적 사고로 나타난다고 한다. 마음의 갈등은 불안을 초래하기에 우리는 이를 방어하는데 히스테리나 강박증은 그 증상이다. 신경증은 문명 속 인간이 불가피하게 겪을 수밖에 없는 것으로 인간은 늘 결핍과 불안을 느끼며 사는 존재다. 정신장애를 질의 차이가 아닌 양적 정도로 설명한 것은 인간 이해에 획기적인 전환을 가져왔다. 일각에서는 프로이트 자신이 신경증자라 정신분석이 자전적 기록으로 가능했다고 폄하되기도 하지만 정신 문제가 누구에게나 있음은 자명하다.

09 정신증psychosis : 망상증과 조현병

프로이트는 신경증과 정신증의 가장 큰 차이는 현실을 인정하는 현실 검증력이라고 말한다. 신경증이 내적 갈등이라면, 정신증은 자아가 외부와 갈등하면서 망상 등으로 대응하는 병리적 정신 과정이라고 설명한다. 정신분석학은 자유연상에 기반한 언어 치료의 일종이기 때문에, 의사소통이 힘든 정신증은 분석의 대상에서 제외되며 오직 신경증만 대상으로 삼는다. 프로이트의 신경증, 정신증 구분은 정신의학에도 심대한 영향을 끼쳤으나 1980년 DSM-III가 개정되면서 두 구분이 없어진다. 프로이트를 계승한 현대정신분석학파는 정신증을 적극적으로 치료의 대상으로 삼으면서 차별화를 시도한다. 프로이트가 강조한 것은 망상, 과도한 자아의 주관적 편향이 모든 사람에게 어느 정도 있지만, 정신증은 자아가 붕괴되어 완전한 회복이 불가능하다.

지그문트 프로이트 생애의 결정적 장면

오스트리아 빈에 정착

1860 네 살 프로이트와 그의 가족 오스트리아 빈으로 이주하다.

1873~1881 빈대학 의학부 입학하여 신경생리학을 공부했으나, 이미 정신장애, 마취제 개발 등 다른 영역에 더 관심을 가지다.

1880 프로이트의 재정적, 사회적 후원자였던 요셉 브로이어가 베르다 파펜하임(일명 '안나 O') 치료 시작.

브로이어는 자기 환자의 사례를 프로이트에게 자세히 들려주었는데 이 과정에서
프로이트는 카타르시스 치료와 대화치료 개념을 구상하며,
대화 치료는 후에 카우치 상담의 원리가 되다.
"히스테리는 과거 기억 때문에 괴로움을 겪는 사람들이다."

브로이어

베르다 파펜하임

프로이트

최면 현상을 발견하고, 신경증 치료법으로 연구

1885~1886   정부 장학금을 받아 파리로 유학을 가 6개월 동안 살페트리에르 병원에서 샤르코 밑에서 수학. 최면을 이용해 환자의 여러 증상을 시연하거나 치료하는 샤르코에게 감명을 받고 히스테리에 대해 본격 연구하다.

1892   「최면 치료의 성공사례」 발표.
프로이트의 환자인 엘리자베트 폰 R에게 자유연상 사용하다.

1895   브로이어와 공조로 『히스테리 연구』 출간.
10월에는 빈 의사협회에서 신경증 원인이 성적인 것에 있다고
주장했다가 심한 비난을 당하고 의사협회에서도 제명되다.

"신경증의 원인은 성적 억압에서 비롯되며, 남자도 히스테리에 걸릴 수 있다."

1898   프로이트는 성적 억압이 히스테리와 연관된다는 생각을 포기하지 않았으며 「신경증의 병인으로서의 성욕」을 통해 최초로 유아 성욕을 언급하다.

STUDIEN
ÜBER
HYSTERIE
VON
Dr. JOS. BREUER und Dr. SIGM. FREUD
IN WIEN.

LEIPZIG UND WIEN.
FRANZ DEUTICKE
1895.

"아이는 태어날 때부터 성적인 활동을 한다."

일상의 무의식으로 국제적 명성을 얻다

1900 "언젠가 사람들이 프로이트가 꿈의 비밀을 발견한 것에 대해 기념할 것이다."
프로이트는 야심 차게 『꿈의 해석』을 발표하면서 무의식을 연구하는 정신분석학
이 새로운 시대의 패러다임이 될 것이라 확신하다.

1905 일상에서 관찰되는 많은 무의식 현상을 연구하면서 그것이 중요한 심리적 과정임
을 주장했는데 『꿈의 해석』에 이어 1901 『일상생활의 정신병리학』 그리고 1905
『농담과 무의식의 관계』 출간하면서 대중에 큰 인상을 남기다.

클라크 대학

1909 미국 매사추세츠 우스터 클라크 대학 총
장인 스탠리 홀 초청으로 융, 페렌치와
함께 미국에 가서 다섯 차례 <정신분석
에 대하여> 강연하다. 9월에는 명예박
사 학위를 받을 정도로 미국에서 큰 인
기를 얻다.

정신분석 국제기관의 탄생과 결별

1902 프로이트 아파트에서 빌헬름 슈테겔, 알프레드 아들러, 막스 카하네, 루돌프 라이
틀러, 프로이트 5명이 정신분석을 연구하는 최초 학회 '수요 모임' 결성하다.
초기 서신을 교환하던 플리스와는 1904년 결별하다.

1910 독일 뉘른베르크에서 국제정신분석학회가 정식으로 발족하고 칼 융을 초대 회장
으로 추대하다.

1914 융이 프로이트와 결별하고 국제정신분석학회를 정식 탈퇴하다.

"융은 정신분석학을 비개인적이고 비역사적인 것으로 재해석하려 했다."
"나는 융을 후계자로 선택했는데 이것은 불행한 선택이었다."

시련과 죽음

1922 프로이트 구강암 진단을 받고 10월과 11월 수술받다. 암 수술은 이후 총 30회나
이루어졌지만 완치되지 못하고 평생 고통을 받다.

1930 괴테 문학상을 수상. 프로이트는 이것이 자신이 공식적으로 인정 받은 계기라고
기뻐하다.

1931 프로이트 전집이 독일어 18권 프랑스어 번역본 21권으로 출간.

1933 나치가 베를린 광장에서 프로이트의 책을 불태우다. 프로이트는 저들은 가능했다
면 책이 아니라 자신을 불태웠을 것이라고 몸서리치다.

1938 프로이트 빈을 떠나 영국으로 망명을 떠나다.

1938 영국왕립협회에서 방문해 방명록에 프로이트 사인 받고, 12월에는 BBC 방송국에
서 프로이트의 인터뷰 녹음하다.

1939 프로이트 주치의 슈어에게 약물투여로 안락사를 부탁하고, 잠들다.

"나의 투쟁은 끝나지 않았다."

사후 영광과 기념사업

1924 『TIME』 1월 호에 20세기를 대표하는 사상가 중 프로이트가 표지 모델로 나오다.
프로이트가 빈에서 거주하던 아파트가 박물관으로 공식 개관하다.

1971 빈 중심부에 프로이트 공원이 명명되고, 공원 내에 프로이트 이름이 들어간 돌비
1984 가 세워지다.
프로이트의 청동 동상이 빈 의과대학교 정원 내에 설치.

2018

"『꿈의 해석』이 제대로 인정받지 못하고 반응이 냉담한 것은 내가 15년이나
20년쯤 앞서가기 때문에 그러는 것이라고 스스로를 위안하고 있네."

참고 문헌

데이비드 M. 버스(2012), 『진화심리학』, 이충호 옮김, 웅진지식하우스

레이 커즈와일(2007), 『특이점이 온다』, 장시형, 김명남 옮김, 김영사

마르트 로베르(2007), 『프로이트, 그의 생애와 사상』, 이재형 옮김, 문예출판사

미셸 옹프레(2010), 『우상의 추락: 프로이트 비판적 평전』, 전혜영 옮김, 글항아리

슈테판 츠바이크(2016), 『프로이트를 위하여』, 양진호 옮김, 책세상

유발 하라리(2024), 『넥서스: 석기시대부터 AI까지, 정보 네트워크로 보는 인류 역사』, 김영주 옮김, 김영사

에드워드 쇼터(2009), 『정신의학의 시대』, 최보문 옮김, 바다출판사

앨런 프렌시스(2014), 『정신병을 만드는 사람들』, 김명남 옮김, 사이언스 북스

장 미셸 키노도즈(2011), 『리딩 프로이트』, 한국임상정신분석연구소ICP 옮김, 눈출판그룹

칼 쇼르스케(2014), 『세기말 빈』, 김병화 옮김, 글항아리

플라톤(2005), 『국가, 정체(政體)』, 박종현 옮김, 서광사

피터 게이(2011), 『프로이트 1: 정신의 지도를 그리다 1856~1915』, 정영목 옮김, 교양인

       『프로이트 2: 문명의 수수께끼를 풀다 1915~1939), 정영목 옮김, 교양인 한스 마르틴 로마, 요하힘 파이퍼(2016), 『프로이트 연구 1: 정신분석의 성립과 발전과정』, 원당희 옮김, 세창출판사, 『프로이트 연구 2: 정신분석의 영향과 수용』, 원당희 옮김, 세창출판사　헤르베르트 마르쿠제(1955), 『에로스와 문명』, 임인환 옮김, 나남출판

지그문트 프로이트(2017), 『정신분석 입문』, 김양순 옮김, 동서문화동판

    (2005), 『정신분석의 탄생』, 임진수 옮김, 열린책들

    (2003), 『정신분석학의 근본개념』, 윤희기 옮김, 열린책들

        (1911), 「정신 기능의 두 가지 원칙」

        (1920), 「쾌락원리를 넘어서」

    (2003), 『예술, 문학, 정신분석』 정장진 옮김, 열린책들

        (1908), 「작가와 몽상」

        (1910), 「레오나르도 다빈치의 유년의 기억」

        (1919), 「두려운 낯설음」

    (2020), 『정신분석 강의』, 임홍빈, 홍혜경 옮김, 열린책들

    (2003), 『문명 속의 불만』, 김석희 옮김, 열린책들

    (2003), 『정신분석학 개요』, 박성수, 한승완 옮김, 열린책들

        (1913), 「과학과 정신분석」

        (1924), 「정신분석학 소론」

        (1925), 「나의 이력서」

        (1925), 「정신분석에 대한 저항」

        (1940), 「정신분석학 개요」

    (1895), 『히스테리 연구』, 김리리혜 옮김, 열린책들

    (1900), 『꿈의 해석』, 김인순 옮김, 열린책들

    (1918), 『늑대 인간』, 김명희 옮김, 열린책들

사진 크레디트

1©commons.wikimedia.org/wiki/File:Sigmund_Freud,_by_Max_Halberstadt

33©Gustav Klimt, Public domain, via Wikimedia Commons, Baby_(Cradle)_A18969

36©commons.wikimedia.org/wiki/File:DC-1914-27-d-Sarajevo-cropped

43©commons.wikimedia.org/wiki/File:Pappenheim_1882

47©Creative Commons CC0 1.0 Universal Public Domain Dedication_allucinations-33ab87

51©commons.wikimedia.org/wiki/File:Wien_Café_Korb_2009

53©commons.wikimedia.org/wiki/File:Liliputbahn_Prater,_Manner,_lokomotivo_3

57©boutique.fff.fr/en/maillot-france-nike-fff-domicile-match-drifitadv-24/p-357734335605025180
+z-92-3070910669

59©fr.wikipedia.org/wiki/Une_le%C3%A7on_clinique_%C3%A0_la_Salp%C3%AAtri%
C3%A8re

87©www.loc.gov/exhibits/freud/ex/40.html

105©ko.ipa.world/ipa/IPADev/About__Us/Dev/Ou=_Org/ipahq

118©byarcadia.org/post/the-roots-of-hysteria-in-sigmund-freud-s-the-dora-case

121©freud.org.uk/schools/resources/the-wolf-mans-dream/TheWolfMan'sDreambySergei
Pankejeff

125©en.wikipedia.org/wiki/Benjamin_Libet

166©Photo:Andreas Praefcke, CC BY 3.0<https://creativecommons.org/licenses/by/3.0>, via
WikimediaCommons

178©upload.wikimedia.org/wikipedia/commons/2/21/Untitled_by_Yves_
Tanguy%2C_1937%2C_oil_on_canvas

190-191©commons.wikimedia.org/wiki/File:Roman Forum HDR Panorama

198©commons.wikimedia.org/wiki/File:Michelangelo_Moses.jpg

201©commons.wikimedia.org/wiki/File:JRaphael_School_of_Athens

207©commons.wikimedia.org/wiki/File:Mona_Lisa.jpg

209©commons.wikimedia.org/wiki/File:Leonardo_da_Vinci_-_Virgin_and_Child_with_St_
Anne_C2RMF_retouched.jpg

218©baumanrarebooks.com/rare-books/freud-sigmund/beyond-the-pleasure-principle/108131.aspx

237©SigmundFreudathisDesk,1914(etching)byPollak,Max;FreudMuseum,London,UK

240©commons.wikimedia.org/wiki/File:Freud,_The_Ego_and_the_Id,_1923,_graph_with_
second_topography.jpg

242©commons.wikimedia.org/wiki/File:Breuer-Anna O Freud

243©commons.wikimedia.org/wiki/File:De_Studien_%C3%BCber_Hysterie_A01.jpg

244©commons.wikimedia.org/wiki/File:JonasClarkBuilding.JPG

클래식 클라우드 039

지그문트 프로이트

1판 1쇄 인쇄 2026년 2월 13일
1판 1쇄 발행 2026년 2월 27일

지은이 김석
펴낸이 김영곤
펴낸곳 (주)북이십일 아르테

편집 이영애 디자인 박지영
마케팅영업부문 정지은 강경남 김도연 장철용 황성진 남정한 나은경 이정은
제작 이영민 권경민

출판등록 2000년 5월 6일 제406-2003-061호
주소 (10881) 경기도 파주시 회동길 201(문발동)
대표전화 031-955-2100 팩스 031-955-2151

ISBN 979-11-7357-806-9 04000
ISBN 978-89-509-7413-8 (세트)
아르테는 (주)북이십일의 문학 브랜드입니다.

(주)북이십일 경계를 허무는 콘텐츠 리더

아르테 채널에서 도서 정보와 다양한 영상자료, 이벤트를 만나세요!
네이버오디오클립/팟캐스트 **[클래식 클라우드-책보다 여행]**
인스타그램 instagram.com/classic_cloud21
페이스북 www.facebook.com/21classiccloud